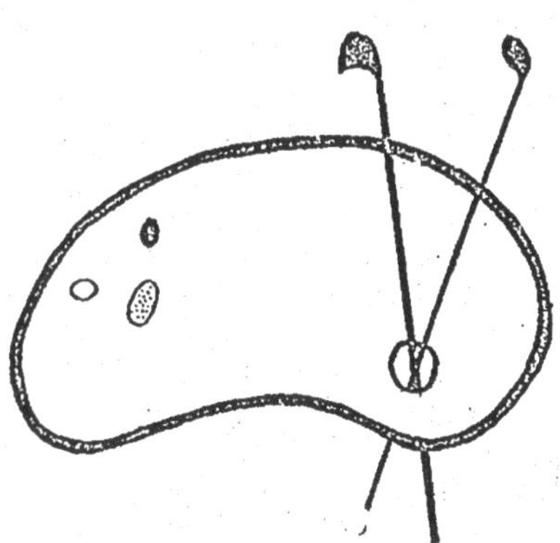

FACULTÉ DE DROIT DE PARIS

LES COALITIONS

DANS LE

PERSONNEL DES CHEMINS DE FER

THÈSE POUR LE DOCTORAT

Présentée et soutenue le jeudi 23 février 1899, à 8 heures 1/2

PAR

Ludovic **DÉSVEAUX**

Président, M. Jay, *professeur*.

Suffragants : MM. Deschamps, Souchon, *agrégés*.

PARIS
MARCHAL ET BILLARD
IMPRIMEURS-ÉDITEURS, LIBRAIRES DE LA COUR DE CASSATION
Maison principale : Place Dauphine, 27
Succursale : Rue Soufflot, 7

1899

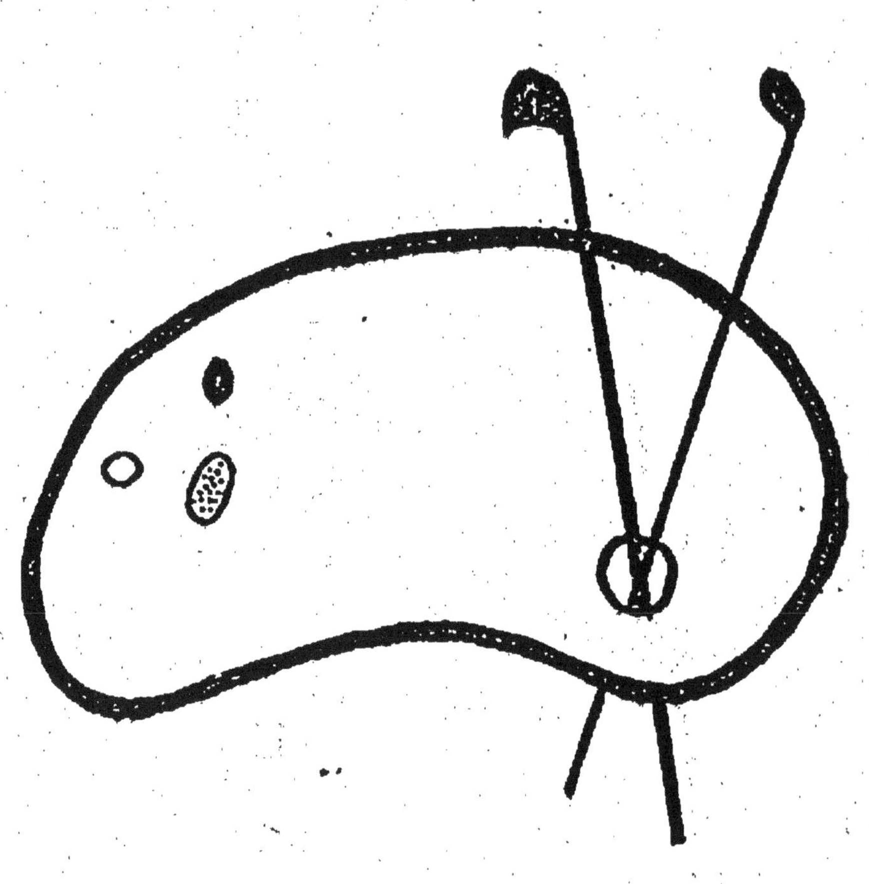

FIN D'UNE SERIE DE DOCUMENTS
EN COULEUR

THÈSE

POUR

LE DOCTORAT

FACULTÉ DE DROIT DE PARIS

LES COALITIONS

DANS LE

PERSONNEL DES CHEMINS DE FER

THÈSE POUR LE DOCTORAT

Présentée et soutenue le jeudi 23 février 1899, à 8 heures 1/2

PAR

Ludovic DÉSVEAUX

Président, M. JAY, *professeur.*

Suffragants : MM. DESCHAMPS, SOUCHON, *agrégés.*

PARIS

MARCHAL ET BILLARD

IMPRIMEURS-ÉDITEURS, LIBRAIRES DE LA COUR DE CASSATION

Maison principale : Place Dauphine, 27

Succursale : Rue Soufflot, 7

1899

La Faculté n'entend donner aucune approbation ni improbation aux opinions émises dans les thèses; ces opinions doivent être considérées comme propres à leurs auteurs.

MEIS

ET

AMICIS

LES COALITIONS

DANS LE

PERSONNEL DES CHEMINS DE FER

INTRODUCTION

CHAPITRE I

L'ÉVOLUTION DU DROIT.

Les hommes ont beaucoup varié dans leurs appréciations sur la justice et sur le droit et sont tombés le plus souvent dans des opinions excessives. Bodin, Hobbes et J.-J. Rousseau ont fondé leurs doctrines sur l'existence des droits naturels inhérents à l'individu, antérieurs et, par conséquent, supérieurs à la société, théorie fausse, puisque le droit est un rapport entre les hommes, et, comme tel, subordonné à leurs besoins respectifs.

Des philosophes modernes, à la suite de Locke et de Stuart Mill, répudiant l'innéité des idées et la préexistence de principes moraux, considèrent le bien et le mal comme une généralisation faite par l'esprit humain de l'intérêt réciproque bien entendu ; la justice serait ainsi, comme le droit, déterminée par notre raison et surtout par nos besoins, l'utilité serait la règle suprême et, dans l'universel *struggle for life*, le faible et l'imbécile ne pourraient rien réclamer, étant des inutiles.

Est-il vraiment impossible de concevoir une doctrine qui satisfasse la raison, l'expérience et les aspirations légitimes de l'homme, qui ne soit pas démentie par les travaux historiques et qui n'arrive pas à des conclusions révoltantes pour notre dignité et notre sensibilité, en assimilant l'homme aux éléments inertes et aux animaux nconscients toujours en guerre, à la merci des lois physiques ou sous la pression de la faim ? L'erreur capitale de ces philosophes a été de confondre la justice et le droit et de vouloir assigner à ces deux principes même cause, même essence et mêmes effets. C'est en partant de cette équivoque, que Tolstoï écrivait :« Il ne nous est pas donné de savoir ce qui est juste et injuste , l'humanité s'est toujours trompée et se trompera toujours sur ce sujet (1). » Le moment est venu de reconstruire l'édifice et de choisir dans ces temples en ruines les matériaux d'un temple nouveau.

Nous définissons le droit une convention formée entre les hommes pour sanctionner le bien et le mal.

Le droit est une chose humaine. Qu'elle soit élaborée par les représentants du peuple ou imposée par le souverain à la nation qui l'accepte, la loi s'analyse en une convention. Ce contrat suppose une société suffisamment organisée pour garantir le respect de la parole échangée

1. Tolstoï. *La guerre et la paix.*

et rend inutile l'hypothèse des droits naturels, inaliénables et imprescriptibles, antérieurs à la société. Nous évitons ainsi l'écueil de proclamer chaque individu titulaire de droits primordiaux, opposables aux lois positives, ferments de révolte et levain d'anarchie.

Nous éliminons donc les droits naturels. Mais est-ce à dire pour autant qu'il n'y ait rien d'antérieur à la société et de supérieur à la convention ? A cette demande, notre définition répond par avance. Le droit humain est destiné à sanctionner le bien et le mal; or le bien et le mal, c'est le juste et l'injuste, c'est le droit idéal. Le droit idéal, c'est la justice, le principe éternel auquel les hommes doivent s'efforcer d'atteindre. L'ordre préétabli, l'équilibre universel dont parle Leibniz, domine la morale comme la métaphysique. Impérieuses et éternelles sont les lois de l'arithmétique et de la géométrie ; impérieuses et éternelles celles de la justice. La justice est absolue, le droit contingent, la justice est d'essence divine, le droit est d'essence humaine. De même que l'architecture, qui emploie les données immuables des mathématiques, varie néanmoins selon les temps et les pays parce qu'elle doit s'approprier aux besoins des sociétés, de même aussi, par la force des choses, le droit, construction humaine, se modifiera suivant le caractère des peuples et les nécessités de l'époque, en s'inspirant toujours des règles invariables de la justice.

Ces règles éternelles, la raison et la conscience humaine auraient suffi à les déterminer, — tel Pascal retrouvant, par un effort de son précoce génie, les quatre livres d'Euclide — si elles n'étaient pas énoncées dans les formules lapidaires du Décalogue. Nous les portons en nous-mêmes, elles constituent le tréfonds de notre esprit, et le remords est le premier châtiment de celui qui les a violées.

Et pourtant, quelles divergences nous constatons entre les différentes lois positives lorsqu'elles prétendent régler dans leurs détails les rapports sociaux, familiaux et patrimoniaux ! La loi romaine n'est plus la loi juive, la loi française n'est plus la loi romaine et nul ne peut dire ce que sera celle de demain. L'histoire du droit romain suffit à démontrer ce que peuvent devenir en quelques siècles la puissance paternelle, le contrat de mariage et les obligations.

L'évolution dont le droit civil nous fournit l'exemple est également remarquable dans le droit pénal. Et nous n'appelons pas variations la plus ou moins grande sévérité des peines : strictement cela est plutôt l'œuvre du juge que l'œuvre du législateur. La peine devant être proportionnée à la responsabilité du coupable plus qu'à la gravité du fait, elle ne peut être déterminée que dans chaque cas particulier. En précisant les peines, le législateur anticipe, à proprement parler, sur la mission du juge et cesse de légiférer. Mais nous disons que le droit a varié lorsque tel fait jadis punissable est aujourd'hui permis, lorsque telle convention jadis illicite est aujourd'hui parfaitement légale. « Ce qui jadis était raisonnable », dit Méphistophélès, « est devenu insensé ; ce qui était utile « est devenu désastreux, car du droit né avec nous, « il n'en est guère question pour la génération pré- « sente » (1).

1. Gœthe. *Faust*. Méphistophélès et l'écolier.

Il doit en être ainsi et en ceci se manifeste jusqu'à l'évidence cette vérité, que le droit n'est jamais parfait. La société se modifie sans cesse — lorsqu'elle ne se transforme pas brusquement, ce que nous avons vu en France — et le droit, sous peine de devenir un corps de préceptes caducs, doit remplacer une à une les maximes surannées et savoir à propos en formuler de nouvelles.

Bien plus, les révolutions et les réformes sociales ne sont pas seules à agir sur le droit : les grandes inventions réalisées par le siècle qui s'achève ont complètement changé l'aspect du monde entier. Le développement considérable des chemins de fer dans les sociétés modernes a donné de l'importance à des questions longtemps considérées comme secondaires dans toutes les branches du droit et en a fait naître d'imprévues. Nous ne nous occuperons ni du côté financier ni du côté commercial : d'autres problèmes aussi complexes et plus inquiétants se sont posés.

Les chemins de fer sont devenus pour les états civilisés une condition nécessaire d'existence, comme le système vasculaire chez les êtres supérieurs ; mais ils sont aussi une raison d'être pour une population nombreuse qui attend d'eux son gagne-pain. Entre les administrations — publiques ou privées — qui les exploitent, et le personnel qui à des degrés plus ou moins modestes, en assure le fonctionnement, un contrat se forme qui lie les deux parties. Mais le contrat peut toujours être dénoncé en respectant les délais d'usage lorsqu'il s'agit de patrons et d'ouvriers et la cessation concertée de travail est licite. Va-t-on appliquer ce principe aux employés de chemins de fer et n'y a-t-il pas des raisons juridiques ou autres pour le leur refuser ? Quel système devront choisir les pouvoirs publics et de quels moyens disposent-ils pour réprimer ces coalitions lorsqu'ils n'ont pas su les prévenir ? Telles sont les questions qui vont attirer notre attention.

Dans une première partie, nous étudierons les grèves de chemins de fer à l'étranger. Nous examinerons dans les trois parties suivantes les grèves de chemins de fer en France, dans la deuxième les syndicats professionnels, dans la troisième le problème économique, et nous chercherons dans la quatrième partie à résoudre le problème juridique.

CHAPITRE II

LE PERSONNEL DES TRANSPORTS AVANT LES CHEMINS DE FER.

SECTION I. — *Epoque romaine.*

Il peut paraître étrange de commencer dans les textes du droit romain l'étude des droits dont jouissent aujourd'hui les employés de chemins de fer et l'on pourra nous taxer du même ridicule que l'archiviste qui entreprend de constituer à quelque vaniteux parvenu une généalogie remontant aux croisades. Il est vrai que les moyens de transport que nous connaissons aujourd'hui sont nouveaux, mais les transports, le travail, le capital et l'Etat sont de tous les temps et de tous les pays et cela suffit pour qu'aux âges les plus lointains de l'histoire nous puissions assigner des aïeux aux ouvriers de nos voies ferrées (1).

Diverses causes devaient donner à l'industrie des transports dans l'antiquité un caractère spécial : en premier lieu, le mépris du commerce et du travail manuel, en second lieu l'existence de l'esclavage, remplacé depuis l'ère chrétienne par des collèges, ce qui ne valait guère

1. Voyez Montaigne. *Essais*, liv. II, chap. XXII. *Des postes*.

mieux, et en troi ème lieu la conception du droit public et du rôle de l'Etat.

Le rédacteur de Dalloz (1) en constatant le mutisme des lois romaines en ce qui touche l'obligation du voiturier, alors que le Digeste contient un titre *de exercitoria actione*, un sur les *nautæ* et un sur les *caupones*, tous relatifs au droit maritime, dit que « le grand nombre de « rivières que renferme l'Italie donne jusqu'à un certain « point l'explication de ce fait ».

Cette explication nous paraît insuffisante, car si les voies fluviales eussent été aussi abondantes que le pense cet auteur, les Romains ne se seraient pas donné tant de peine pour établir les routes magnifiques que nous admirons aujourd'hui et n'auraient pas décerné les honneurs des arcs-de-triomphe aux empereurs qui en ont doté la péninsule. Nous aimons mieux conclure que l'obligation du voiturier par terre vis-à-vis des voyageurs et de l'expéditeur était réglée par les lois dont le titre semble viser uniquément les bateliers et armateurs.

La plus importante des corporations de transporteurs était sans contredit celle des *navicularii* (2) chargés d'approvisionner l'empire Romain et surtout la capitale en céréales et en ce que nous appellerions aujourd'hui les produits coloniaux. Ce collège comprenait des hommes riches, appartenant à la classe noble ou curiale et des hommes de peine, plébéïens, esclaves et affranchis.

Les uns et les autres étaient liés à la corporation non-

1. Dalloz, *verbo*, Voitures publiques.

2. Voyez sur ces collèges : Serrigny. *Droit public et administratif romain*.

seulement pour leur vie, mais de père en fils et tous leurs biens formaient le gage commun du métier. Les empereurs y faisaient entrer de force non seulement des condamnés que l'on marquait au fer rouge, mais aussi des curiaux et tous devenaient une manière de forçats.

Il existait aussi des collèges pour les transports terrestres. Les *saccarii* (1) ou débardeurs organisés en *corpus* avaient à Rome le monopole du chargement et des déchargements dans les ports. Les *catabolenses* (2) étaient des portefaix employés par la corporation des *pistores*, meuniers boulangers. L'étymologie de ce mot, κατα 6αλλω, indique que leur fonction consistait à *décharger* les voitures et les bateaux. Ils emportaient les sacs de blé aux fours, aux moulins et aux magasins, à dos de mulet ou autrement. Ils étaient recrutés principalement parmi les affranchis que l'on forçait d'y entrer lorsqu'ils avaient quelques ressources, c'est-à-dire au moins trente livres d'argent, probablement pour acheter une bête de somme.

Les *saccarii* et les *catabolenses* n'étaient donc en définitive que de pauvres portefaix et l'on ne voyait pas parmi eux des capitalistes comme les *navicularii* assez riches pour posséder des navires ou commanditer le commerce maritime.

Quant aux transports par terre à longue distance, il semble qu'ils étaient entièrement aux mains de l'Etat (3). Ils comprenaient un double service : poste aux chevaux

1. Code Théodosien, l. 1 *de saccariis*.

2. Code Théodosien, l. 9, 10 *de pistoribus*.

3. Serrigny, *op. cit.*

pour le transport des personnes et roulage, soit accéléré, soit ordinaire pour conduire l'or, l'argent, les bagages et les objets destinés au prince et à l'Etat.

Cette double entreprise était aux frais de l'Etat et dans son intérêt exclusif; elle faisait partie de l'organisation militaire de l'Empire. Elle était réservée à l'empereur, aux principaux fonctionnaires et aux rares personnes autorisées à s'en servir. De fortes amendes frappaient ceux qui se faisaient prêter un cheval de poste sans avoir reçu à cet effet une lettre *d'évection* du préfet du prétoire, sorte de premier ministre ou de grand dignitaire qui avait la *course publique* dans ses attributions. Mais il ne vint jamais à la pensée des empereurs de faire profiter le public, moyennant une rétribution raisonnable, de cette magnifique organisation (1).

Les *mansiones*, relais ou bureaux de poste, étaient inspectés par des *judices curiosi*; chaque relais était dirigé par un *manceps* ou *præpositus*, correspondant à nos chefs de gare.

Cet officier avait sous ses ordres des maréchaux vétérinaires, *mulomédici*, des palefreniers, *muliones*, des charrons, *carpentarii*, des postillons, *hippocomi*. Les palefreniers étaient généralement des esclaves publics.

Le fonctionnement régulier de la course publique était une des principales préoccupations des empereurs tant elle touchait de près à l'organisation militaire et administrative. Dans les lettres que Théodoric faisait écrire par

1. Code Théodosien. l. 35, 65, 42, 46, 32, 31, 37, 50, 10, 17, 34, *de cursu publico*.

la plume élégante de Cassiodore, son préfet du prétoire, on trouve à chaque instant les traces de cette sollicitude. *Assidua sollicitudine refovenda sunt quæ continuis exercitiis subjacere noscuntur*, lisons-nous dans une de ces lettres (1); mais le plus souvent ces exhortations touchantes se rapportaient aux chevaux, car le passage que nous citons se termine en édictant une amende contre les conducteurs qui imposaient aux bêtes de somme une charge supérieure au poids réglementaire.

Les convois étaient conduits par les *veredarii*, (de *veredus*, cheval de poste). Il y avait aussi des *catabolenses*, sur lesquels nous empruntons à Lequien de la Neufville (2) les renseignements suivants.

« Les postillons connus sous le nom de *catabolenses* « portaient un fouet à la main et précédaient les cour- « riers des empereurs. Cette manière d'emploi ne se « renfermait pas dans cette seule fonction. Ceux qui y « étaient comme assujettis devaient encore voiturer les « habits, l'argent et le bagage des empereurs, décharger « les chariots qui arrivaient aux postes, charger ceux « qu'ils devaient conduire, les mener au bureau le plus « prochain et les délivrer aux directeurs qui tour à tour « étaient obligés d'y veiller jusqu'à ce que les ballots « fussent arrivés au lieu où ils devaient être rendus « suivant leur lettre de voiture ».

Nous pensons que cet auteur érudit s'exagère l'importance des fonctions confiées aux *catabolenses*. Leur rôle

1. Cassiodore. *lib.* 3 *ep.* 10.
2. *Origine et usage des postes.* Paris 1715.

essentiel, dans les postes aussi bien que dans le collège des *pistores*, consistait à *charger* et *décharger* les chariots et les chevaux, puisque lorsqu'une charge dépassait le poids réglementaire, c'était le *catabolensis* et non le postillon qui payait l'amende : *quinquaginta solidorum mulctam jam non veredarius sed catabulensis incurrat*, lisons-nous dans la même lettre de Théodoric. Ce prince leur fit cependant voiturer les marbres destinés à la construction des palais de Ravenne.

Il y avait enfin une corporation spécialement chargée de conduire les bagages de l'empereur et les convois du fisc. C'étaient les *bastagarii*, (1) qui étaient attachés perpétuellement à leur état et formaient une sorte de milice qu'ils ne pouvaient quitter même pour entrer dans l'armée active (2). Les charrois ainsi exécutés portaient le nom d'*angariæ*.

Lorsqu'il y avait lieu d'opérer des transports extraordinaires sur les grandes voies, ou sur les chemins de traverse où le service n'était pas organisé, on forçait les habitants à fournir des chevaux qu'on nommait *paraveredi*, c'est-à-dire chevaux de poste improvisés ou supplémentaires. Par analogie, les conducteurs que l'on réquisitionnait s'appelaient *paravedarii* et les charrois ainsi obtenus *parangariæ*. C'est de là sans doute que vient le nom d'angarie que l'on donne aujourd'hui à certaines réquisitions maritimes. C'était une des charges *sordides*, ou roturières, qui pesaient le plus lourdement sur la population rurale.

1. Code Théodosien l. II *de muriguli*s.

2. Serrigny, *op. cit.*

La condition économique des agents de la course publique était fort dure. Ils recevaient leur nourriture et leur habillement, ou leur salaire, du fisc et ne pouvaient exiger aucune rétribution des personnages qu'ils voituraient. Aussi le métier était-il si peu recherché que l'on y faisait entrer des criminels, des prisonniers de guerre et des esclaves publics ; les empereurs y avaient souvent condamné les chrétiens et l'empereur Maxence, après avoir déposé le pape Saint Marcel obligea ce pontife à servir jusqu'à sa mort dans une *mansio* de poste. Quant aux *navicularii* et aux autres métiers organisés en collèges, le lien corporatif, loin d'être un levier de liberté, n'était pour eux que la consécration de la servitude et l'on s'imagine difficilement ou plutôt l'on s'imagine trop bien ce que pouvait être, dans de telles conditions, le droit de grève : une coalition eût été une révolte et, pour la conduire, il aurait fallu non pas un Gracque, mais un Spartacus.

Section II. — *Ancien régime.*

Une certaine obscurité règne sur la condition des personnes qui s'occupaient des transports terrestres au moyen-âge et dans les temps modernes. C'est une ordonnance de Louis XI du 19 juin 1464 qui organisa vraiment les postes en France. Cette ordonnance alloue cinquante livres tournois aux maîtres-coureurs et cent livres aux commis « pour leur entertenement ». Lors de la Révolution, il existait environ mille bureaux de poste.

Chaque bureau avait un directeur, des contrôleurs, et des commis et facteurs pour les lettres. Tous étaient des agents du pouvoir central et, comme tels, ne pouvaient former aucune confrérie ni corporation. Quant aux agents recrutés par les maîtres de poste pour l'entretien des chevaux et la conduite des voitures, ils ne figurent pas dans la liste des métiers constitués en *corps*. Cela se conçoit aisément, le métier, se prêtant peu à la hiérarchie des apprentis, compagnons et maîtres. Le maître de poste était un industriel commissionné par le pouvoir royal, ayant d'assez forts capitaux, et le personnel inférieur ne pouvait pas espérer conquérir la même position par son seul mérite; de plus, sous l'ancien régime, aucune association ne pouvait se former sans l'expresse approbation du roi et les édits de 1629, 1659, 1666, 1749 restèrent en vigueur jusqu'à la Révolution.

Section III. — *Droit intermédiaire.*

Lorsque parurent les premiers chemins de fer, vers 1830, quel était l'état de la législation ? On était sous l'empire de la loi Lechapelier, du 17 juin 1791 et du Code Pénal.

La loi du 17 juin 1791 prohibait toute association professionnelle entre gens du même métier. Ce fut bien plus tard seulement que l'on distingua entre les associations permanentes et les coalitions passagères ; coalitions et associations étaient également interdites, ce qui était les résurrection de l'édit de Turgot de 1776, supprimant la corporations. Les employés de chemins de fer étaient donc dans la même situation que les ouvriers des autres métiers et toute action collective tendant à influer sur les conditions du travail leur était refusée.

« Les citoyens d'un même état ou profession, disait l'article 2, ne pourront, lorsqu'ils se trouveront ensemble, ni nommer président, secrétaire, syndic, ni prendre des arrêtés et des délibérations ni former des règlements sur leurs prétendus intérêts communs ».

L'art. 4 prononçait une amende de 500 livres et la suspension pendant un an de la qualité de citoyen contre les auteurs, chefs et instigateurs des assemblées et l'art. 6 frappait de trois mois de prison les menaces contre les ouvriers ou les patrons.

PREMIÈRE PARTIE

Les grèves de chemins de fer à l'étranger. Législation comparée.

Il est impossible, pour l'étude des questions d'économie politique et sociale, — et celle qui nous occupe rentre au premier chef dans cette catégorie — de procéder uniquement par voie de déduction et par un enchaînement de théorème en corollaire, car les faits viendraient souvent démentir le résultat de ces opérations. Dans la mesure où la sociologie est une science naturelle, il faut y employer la méthode des sciences naturelles, qui est l'expérimentation. Nous ne disposons pas, en ces matières, des moyens d'information du chimiste et du biologue ; nous ne pouvons pas mettre les sociétés dans des bocaux et y verser, à doses calculées, la liberté et l'absolutisme, la richesse et la pauvreté, pour en noter les réactions. Mais si l'expérimentation artificielle nous est refusée, il nous reste au moins l'observation, grâce à l'expérimentation inconsciente à laquelle se livrent éternellement sous nos yeux les peuples répandus à la surface de l'univers.

Nous traverserons donc les Alpes et l'Océan, sans oublier au cours de ce voyage que les sociétés n'ont pas les mêmes origines ni les mêmes besoins et qu'à des états sociaux différents il ne faut pas des lois identiques.

CHAPITRE I

SUISSE

SECTION I. — *La grève des cheminots*, 1896-1897 (1).

Les *cheminots* dont nous allons nous occuper ne sont pas ceux qu'a chantés Richepin et qui s'illustrent parfois sur les routes d'une manière plus tragique que poétique. Le mot chemineau ou cheminot est le nom que se donnent eux-mêmes les employés de chemins de fer suisses; il commence à être usité également dans les organes des employés de chemins de fer français qui, soit dit en passant, ont emprunté plus d'une chose à leurs camarades d'Helvétie.

La grève éclata le 12 mars 1897 sur le réseau du Nord-Est et elle se termina le lendemain. Mais depuis longtemps déjà les rapports étaient tendus à l'excès entre les compagnies et leur personnel et c'est à grand'peine que l'année précédente on avait pu éviter une grève générale.

Il est à remarquer, d'ailleurs, qu'une grève ne se produit jamais instantanément ; elle est toujours préparée de longue date et c'est par l'examen de la période d'in-

1. Musée social. *Circulaire* n° 8, série B, 31 mars 1897.

cubation que l'on se rend le mieux compte de ses causes et de son caractère. C'est alors que les premières réclamations collectives se font jour, que les forces s'organisent et se disciplinent au milieu des négociations avortées grâce à l'exagération de l'une des parties et à l'obstination de l'autre. Il est intéressant aussi de regarder quelles ont été l'action des pouvoirs publics, leur intervention et leur prévoyance. En des matières qui intéressent au premier chef la fortune publique, la défense d'un pays et l'ordre social, le devoir impérieux de tout gouvernement est de veiller à ce que ces intérêts ne soient pas compromis, sous peine de faillir à la confiance que la nation a placée en lui. Il dispose de la force armée ; il participe au pouvoir législatif ; il possède auprès des tribunaux un accusateur redouté ; il a le choix entre le système des mesures préventives et celui des mesures répressives ; ainsi armé, il supportera une lourde part de responsabilité dans les désordres, s'il s'en produit à la faveur de son incurie et de sa faiblesse. Le mouvement auquel ont pris part les employés des chemins de fer suisses en 1896-1897 comporte à ce sujet bien des enseignements.

§ 1. — Le mouvement de 1896.

En 1894, les employés de chemins de fer suisses étaient groupés en un certain nombre de sociétés : Société des mécaniciens (*Verein Schweizerischer Lokomotivführer*), Société des chauffeurs (*Verein Schweizerischer Lokomotivheizer*), Société du personnel des trains, Union des ouvriers de chemins de fer etc. Ils possédaient un journal, la *Schweizeriche Eisenbahzeitung*. M. Sourbeck, rédacteur en chef du journal, journaliste habile, actif et intelligent, comprit toute la force qu'acquerraient les cheminots s'ils réunissaient en un seul faisceau tous leurs moyens d'action. Le 1er janvier 1895, l'association centrale du personnel des entreprises de transport, *Verband des Personals schweizerischer transportanstalten*, était fondée et prit pour secretaire général M. Sourbeck ; dans le courant de l'année elle entra dans l'Union ouvrière suisse qui comprend les organisations ouvrières de toute la confédération.

Les employés demandaient alors des améliorations importantes et voici quelles étaient leurs principales revendications.

1° Augmentation de salaires variant entre 10 et 25 0/0 et diminuant à mesure que le chiffre du traitement augmente :

2° Echelle des traitements en vertu de laquelle les employés auraient droit à une augmentation après un nombre d'années déterminé.

3° Pragmatique de service, c'est-à-dire constitution d'un tribunal arbitral qui aurait à se prononcer sur tous les conflits survenant entre les employés et une compagnie, spécialement en cas de renvoi.

Ce programme fut acclamé dans une première réunion des délégués de toutes les compagnies qui eut lieu à Lucerne le 17 novembre 1895. M. Sourbeck, en exposant ce programme, déclara qu'il faudrait aller jusqu'à la grève si les Compagnies ne cédaient pas.

Après trois mois de négociations, les compagnies du

Central, du Gothard, de l'Union Suisse et du Jura-Simplon, se déclarèrent prêtes à accorder environ la moitié de ce que demandaient les cheminots. Le Nord-Est n'avait encore donné aucune réponse. Les cinq compagnies refusaient la *Pragmatique de service.*

Les employés tinrent alors une assemblée générale à Aarau le 16 février 1896. La réunion, où 10.000 employés étaient présents, eut lieu en plein air, comme les *landesgemeinde.* Outre M. Sourbeck on y remarquait M. Greulich, chef du Secrétariat ouvrier suisse.

M. Sourbeck rendit compte des démarches qui avaient été faites et fit voter la résolution suivante :

« L'assemblée générale des employés de chemins de « fer suisses, réunie aujourd'hui à Aarau, considérant « les réponses et concessions faites par les administra- « tions des Compagnies de chemin de fer, à la suite des « pétitions en masse du personnel, décide : *de déclarer « en principe, la grève générale du personnel des che- « mins de fer suisses, tout autre moyen d'arriver à la « réalisation des buts poursuivis faisant défaut.* Tou- « tefois, dans l'espoir que les administrations des Com- « pagnies se résoudront, au dernier moment, à un arran- « gement à l'amiable et pénétrée du désir de ne pas pous- « ser les choses à l'extrême, l'assemblée adresse aux « administrations sa prière la plus instante de consentir, « jusqu'au 29 février, à une conférence avec le Comité « central de l'Association du personnel des entreprises « suisses de transport, de façon à aboutir, grâce à la « discussion en commun, à une solution amiable.

« Si les administrations ne déféraient pas à ce vœu et

« que l'on ne pût pas arriver à un arrangement, *le* « *Comité central de l'Association reçoit pleins pouvoirs,* « en sa qualité d'autorité, jouissant de la pleine confiance « des employés des compagnies suisses de chemin de « fer, *pour faire les démarches décisives nécessaires et* « *prendre des mesures qui engageront tous les membres* « *du personnel organisé* ».

Le gouvernement fédéral, en présence de la gravité de ces déclarations, s'émut. M. le Conseiller fédéral Zemp, chef du département des postes et chemins de fer, convoqua pour le 21 février, à Berne, une conférence à laquelle prirent part les directeurs des cinq grandes compagnies suisses, et les invita à assister à une conférence de conciliation avec le comité central de l'association des employés. C'était là le point capital du différend. Les employés tenaient essentiellement à ce que leur comité fût considéré comme leur représentant officiel et à ce que les conventions eussent un caractère collectif et non individuel. D'autre part, les compagnies éprouvaient une répugnance bien compréhensible à traiter avec un comité qui provoquait à la grève générale, et à reconnaître, en quelque sorte, la légalité de ce qu'elles considéraient comme une révolte.

Néanmoins, quatre des Compagnies se prêtèrent aux négociations. Les cheminots obtinrent de larges concessions ; quant à la Pragmatique de Service, aucune compagnie ne l'accepta ; on se borna à énumérer et à définir les fautes graves pouvant motiver un renvoi.

La compagnie du Nord-Est refusa d'entrer en pourparlers, mais elle annonça à ses employés qu'elle leur accordait une partie des améliorations réclamées. Le Comité central, qui tenait à ce que la convention eût un caractère bilatéral et non l'apparence d'une concession gracieuse, ne tint aucun compte de cette information et dans la nuit du 1er au 2 mars, la circulaire suivante fut envoyée aux employés du Nord-Est :

« Le Comité central de l'Association des employés a « déclaré la grève sur tout le réseau du Nord-Est pour « aujourd'hui 2 mars. Les employés quitteront immédiate- « ment le travail et ne le reprendront pas jusqu'à ce « que le Comité central le permette. »

L'émotion fut grande à Zurich, siège du réseau du Nord-Est. M. Sourbeck arriva le dimanche matin, 1er mars et fut reçu avec enthousiasme par les employés. De son côté, le gouvernement fédéral avait déclaré que toute la responsabilité des événements qui se préparaient retombait sur la direction du Nord-Est pour son refus de négocier, et il annonçait qu'en cas d'interruption du travail, il prendrait les mesures nécessaires pour assurer la continuation des transports.

Ainsi privée de tout appui, et devant l'imminence de la grève, la Direction du Nord-Est se décida à traiter et fit prier M. Sourbeck de passer à ses bureaux. Il n'en fallait pas davantage au Comité Central qui, après une première conférence avec le directeur de la Compagnie, annonça aux employés que, les négociations étant en bonne voie, la grève devenait inutile.

§ 2. — La Grève des 10-13 mars 1897.

Le conflit était conjuré pour quatre compagnies, mais pour le Nord-Est il n'était qu'ajourné et il éclata l'année suivante.

Les employés du Nord-Est se plaignirent bientôt que la convention était mal exécutée ou, du moins, toujours interprétée par la Compagnie dans le sens le plus conforme à ses intérêts. L'*Eisenbahnzeitung* se fit l'écho de leurs réclamations et le 1er mars 1897, les cheminots formulèrent leurs desiderata dans une pétition adressée à la Direction du Nord-Est. Celle-ci nomma une commission composée de membres notoirement sympathiques à la cause des employés qui, de leur côté, tinrent une assemblée à Zurich et votèrent un ordre du jour portant qu'ils attendraient jusqu'au 3 avril le résultat de leur pétition.

Le 8 mars, M. Sourbeck informa le gouvernement fédéral et la Compagnie du Nord-Est que le Comité attendait une réponse définitive pour le 10 mars au matin, à défaut de quoi la grève serait déclarée.

La grève commença le jeudi 11 mars à minuit. Avec une discipline remarquable tous les employés, au nombre de plus de 5.000, cessèrent le travail. On n'eut à leur reprocher ni un acte de violence, ni un cas d'ivresse, ni une scène de désordre.

Malgré les dispositions pacifiques montrées par les grévistes, la situation pouvait s'envenimer ; toute circulation était interrompue sur le réseau et Zurich allait bientôt être dépourvue d'approvisionnements. Le gouvernement fédéral qui s'était borné jusqu'alors à d'anodines communications avec les deux parties, se réunit à Berne et décida d'envoyer à Zurich deux de ses membres, MM. Zemp et Muller, avec mission de faire accepter leur arbitrage par la compagnie et par le Comité central. Le samedi 13 mars, à 1 heure de l'après-midi, l'arbitrage était accepté et le travail reprit le soir même.

En somme, les employés de chemins de fer Suisses, obtinrent, outre une précision plus grande dans l'avancement et quelques avantages secondaires, une augmentation de salaires de 20 à 25 pour cent.

§ 3. — Conclusion.

Si l'on examine l'ensemble du mouvement de 1896-1897, il y a quelques utiles réflexions à faire.

On doit reconnaître que les grévistes, dans les moments mêmes où la situation était la plus tendue, n'ont occasionné aucun trouble. Un sentiment de dignité semblait les animer, et ceci a certainement contribué au succès de leurs efforts. Le ton général des discours dans les assemblées et des articles de journaux n'a pas cessé d'être très courtois et les organisateurs du mouvement ont eu le mérite de comprendre que cette attitude était nécessaire pour ne pas s'aliéner les sympathies du public et compromettre leur cause.

On peut même s'étonner que, à deux reprises, la discipline ait été telle, que le comité central de l'association ou, pour mieux dire, M. Sourbeck, ait imposé sa volonté aux cheminots prêts à négocier séparément avec leurs compagnies.

C'est que les syndicats ouvriers, dans tous les pays où ils existent, tiennent pour première condition de leur existence, la mission de servir d'intermédiaire officiel entre les travailleurs et les patrons. De leur côté, les patrons font tous leurs efforts pour ne pas se laisser engager dans l'engrenage et nous verrons qu'ils y réussissent quelquefois.

Quant à l'attitude du gouvernement fédéral, il est certain qu'il a manqué d'énergie et qu'il a plutôt favorisé le mouvement des cheminots (1) que les intérêts pécuniaires des compagnies et les intérêts supérieurs de l'État. Lorsque le gouvernement intervenait, il le faisait avec une certaine habileté et il finit par arranger les choses, mais, malgré ses déclarations, il n'a pris aucune mesure pour assurer les transports au cas où la grève se serait prolongée ou étendue à tous les réseaux.

Il est possible que l'optimisme du gouvernement fédéral ait été dans une certaine mesure justifié par la modération que n'ont cessé de montrer les cheminots et par la confiance qu'il avait dans la sagesse du peuple suisse. Mais on peut aussi y assigner d'autres raisons. C'était l'époque où tout un parti important, auquel le gouvernement était acquis, demandait le rachat des chemins de fer par l'Etat. Le parti centralisateur et les employés eux-mêmes voyaient dans ce projet le comble

1. M. le conseiller fédéral Zemp avait proposé en décembre 1896, aux chambres fédérales, d'accorder une subvention annuelle de 5.000 francs au secrétariat de l'association des cheminots, c'est-à-dire à M. Sourbeck. M. Sourbeck est d'ailleurs un familier du département des chemins de fer. (*Musée Social*, op. cit. p. 211).

de leurs vœux. Il devenait évident que tout ce qui diminuerait les bénéfices des actionnaires des Compagnies ferait baisser le prix d'achat que l'Etat aurait à payer quand le projet serait voté. L'augmentation des salaires des employés ne pouvait donc que favoriser les vues centralisatrices; l'Etat pensa sans doute qu'il serait maladroit de contrarier des évènements qui se présentaient à souhait et il se garda de remonter le courant.

Le rachat des chemins de fer a été voté depuis, par le referendum du 20 février 1898. Lorsqu'il faudra appliquer la loi, le gouvernement suisse s'apercevra que s'il a diminué le prix d'achat à rembourser, il a diminué ses recettes futures et augmenté ses frais d'exploitation et que, s'il n'a pas commis une faute politique en 1896-1897, il n'a pas fait un excellent calcul.

Section II. — *Législation.*

Nous reconnaissons cependant que le gouvernement était mal armé pour résister à une grève et l'on peut se demander s'il lui était possible de beaucoup mieux faire. L'article 56 de la Constitution fédérale de 1874 est ainsi conçu :

« Les citoyens ont le droit de former des associations « pourvu qu'il n'y ait dans le but de ces associations ou « dans les moyens qu'elles emploient, rien d'illicite ou de « dangereux pour l'Etat. Les lois cantonales fixeront les « mesures nécessaires à la répression de ces abus ».

Nous pensons que l'interdiction que contient le texte ci-dessus aurait pu être appliquée à l'Association centrale des employés de chemins de fer, mais si la grève s'était produite en dépit de cette précaution, il n'y aurait eu aucun moyen légal d'obliger les employés à reprendre le travail. Il en aurait été de même si, le 13 mars 1897, les employés avaient refusé l'arbitrage de M. le Conseiller Fédéral Zemp. Voici, du reste, les délits que punissent les lois suisses en ce qui concerne les chemins de fer, en dehors des crimes et tentatives criminelles dont nous n'avons pas à nous occuper.

L'article 67, § B de la loi fédérale sur la sûreté des voies et communications (1) punit d'un an d'emprisonnement « celui qui, par imprudence, par négligence, par « un acte quelconque ou par l'inobservation des de- « voirs de sa place, *a exposé à un danger grave* des per- « sonnes ou des marchandises transportées sur un che- « min de fer ».

Ce texte est reproduit mot pour mot dans le code pénal de plusieurs cantons (Argovie, Glaris) et l'on trouve dans le code pénal de Genève (2) des dispositions un peu

1. Carl Stooss. *Les Codes pénaux suisses*, page 607. (Bâle et Genève, 1890).

2. L'article 226 de ce code punit tout employé de chemin de fer « qui par négligence, inattention, à causé involontairement un acci- « dent sur les voies ferrées. »

Art. 227. « Sera puni.... tout chef de train, tout mécanicien, tout « conducteur, tout garde frein qui aura abandonné son poste pendant « la marche du convoi. »

Art. 228. « Toute autre infraction aux lois et règlements sur un « chemin de fer sera punie d'une amende et d'un emprisonnement « d'un jour à trois mois. »

différentes. Mais les dispositions cantonales restent lettre morte. Le Procureur général de la confédération s'est réservé le droit de poursuivre seul toutes les affaires de ce genre relatives aux chemins de fer (1); le Procureur général de chaque canton n'agit par conséquent que comme mandataire du Procureur général de la confédération et ce sont les dispositions des lois pénales fédérales qui sont appliquées.

La législation fédérale suppose une conception du délit professionnel un peu différente de la nôtre et se rapproche de celle que nous trouverons aux Etats-Unis et en Angleterre. Mais cette loi n'était pas applicable aux grévistes des chemins de fer suisses, leur coalition n'ayant fait courir aux personnes aucun danger et aucun agent n'ayant déserté son poste pendant la marche du train. Contre la coalition en elle-même, c'est-à-dire la cessation concertée du travail, dépourvue de tout excès, telle qu'elle s'est produite sur le réseau du Nord-Est, les lois suisses ne donnent aucune arme, ni répressive, ni préventive.

La situation restera donc la même, en Suisse, tant que la législation ne sera pas modifiée et complétée ; lorsque les chemins de fer seront dans ce pays, non plus aux mains des compagnies, mais aux mains de l'Etat, on n'aura plus même la ressource de recourir à l'arbitrage d'un ministre, car celui-ci se trouverait à la fois juge et partie. Ces inconvénients n'ont pas échappé à quelques hom-

1. Nous devons cette information à l'obligeance de M. Cramer avocat à Genève. Voyez à ce sujet les articles 125 et 146 de la loi d'organisation judiciaire fédérale de 1893.

mes d'état suisses qui ont cherché et proposé des remèdes. M. Meister, député au Conseil des Etats, interpella le conseil fédéral sur les mesures qu'il comptait prendre pour éviter de nouvelles grèves de chemins de fer. Il demandait que l'État fût maître d'interdire aux ouvriers des chemins de fer de cesser le travail et que, en guise de compensation, on créât un tribunal arbitral chargé de juger les conflits entre les Compagnies et leurs employés. Peu de jours après, M. Baldinger, député d'Argovie, déposa une motion analogue. Ces projets n'ont pas encore abouti.

Le temps presse, cependant, car une certaine agitation régnait, au mois de mai 1893, parmi le personnel du Jura-Simplon et l'on dut recourir, une fois de plus, à l'arbitrage du ministre du département des chemins de fer.

CHAPITRE II

ÉTATS-UNIS D'AMÉRIQUE.

Aucun pays n'a été aussi fécond que les Etats-Unis d'Amérique en grèves de chemins de fer. Dans ce pays, où la population et la richesse se sont développées selon une progression géométrique, il ne faut pas s'étonner que le choc des intérêt et des appétits aient produit des conflits plus aigus et plus fréquents qu'ailleurs. Mais à regarder de près la nation américaine on découvre vite une autre raison, particulièrement importante en ce qui concerne les chemins de fer.

La plus large indépendance a été laissée aux concessionnaires de voies ferrées; la liberté de la concurrence a été sans limites jusqu'à une époque très récente; les tarifs étaient laissés à l'arbitraire de chaque compagnie ; la guerre économique était sans trêve ni merci et, il arrivait souvent qu'une compagnie moins bien armée était obligée de renoncer à la lutte ou de se contenter de la portion congrue que ses rivales triomphantes consentaient à lui laisser. Or il était impossible que le personnel n'éprouvât pas quelquefois le contre-coup de ces alternatives de richesse et de misère, et ne vît pas ses salaires diminués. Le sentiment de l'instabilité de leur position économique devait éveiller chez ces employés le désir d'y remédier de leur mieux, et le spectacle des coalitions et des coups de force que leur donnaient les compagnies devait les inciter à descendre, eux aussi, dans l'arène, pour y conquérir par les mêmes moyens une amélioration de leur sort.

Section I. — *Les Grèves.*

Les mœurs américaines ont ainsi engendré au point de vue des chemins de fer la coalition entre patrons (*pool*), la coalition des patrons contre les ouvriers (*lockout*), la coalition des ouvriers contre les patrons, ou grève (*strike*), et une dernière forme de lutte industrielle, le *boycott*, sorte de mise à l'index dont il existe des exemples fréquents. Le *pool* est en dehors de notre étude, mais nous rencontrerons souvent le *lockout* et le *boycott* (1).

De 1881 à 1887, on n'a pas compté moins de 1478 grèves dans l'industrie des transports, et dans ce nombre, un chiffre respectable revient aux chemins de fer. Mais voyons les plus instructives.

§ 1. — Grèves du Missouri en 1885-1886.

Le 7 mars 1885, 4.000 employés du Missouri Pacific Railway, communément appelé Réseau Gould ou du Sud-

1. Bibliographie : *Third annual report of the commissioner of labor, Strikes and lockouts*, Washington 1887.

Report on the Chicago strike, by the U. S. Strike commission, Washington, 1895.

Ouest, se mirent en grève pour obtenir le rétablissement des salaires précédents sur lesquels une réduction de 10 à 15 0/0 avait été faite. Les gouverneurs du Missouri et du Kansas intervinrent et le travail fut repris le 17. La grève avait donc duré 10 jours.

Les employés obtinrent le rétablissement des salaires antérieurs, la réintégration des grévistes, le paiement des heures supplémentaires et la direction s'engagea à ne plus opérer de réduction de salaires sans prévenir un mois d'avance.

L'année suivante la crise se reproduisit dans le réseau du Texas and Pacific Railway, que la Cie Gould avait aliéné depuis la convention de mars 1885. Le 18 février 1886, un contremaître de ce réseau fut révoqué sous prétexte d'incapacité, en réalité parce qu'il était un Knight of Labor (Chevalier du travail) militant. Quoique ce réseau ne fût plus sous la direction Gould, les chevaliers du Travail virent dans ce renvoi une violation de la convention de 1885 et décidèrent la grève, par esprit de solidarité, sur tout le Missouri Pacific Railway; 10,000 employés cessèrent le travail et tout trafic fut arrêté.

L'ordre de cesser le travail fut donné le 6 mars 1886 par le général Master Workman Powderly, des chevaliers du travail, qui essaya en même temps d'entrer en rapports avec les administrations des compagnies intéressées. Cette tentative fut repoussée par les compagnies qui déclarèrent qu'elles ne traiteraient avec les grévistes qu'individuellement. En effet, l'élan de la grève était déjà épuisé, beaucoup de grévistes avaient été remplacés par de nouveaux employés et la grève était terminée le 4 mai après une durée de soixante jours.

Autant le public avait vu d'un œil sympathique la grève de 1885, autant celle de 1886 fut sévèrement jugée. Si les employés eurent pour eux le droit et le succès dans la première grève, ils n'eurent ni l'un ni l'autre au cours de la deuxième, et tous les efforts des Chevaliers du Travail pour se faire reconnaître comme représentants officiels des grévistes furent couronnés d'insuccès.

§ 2. — La grève de Chicago. — Juin-juillet 1894.

Le conflit de 1894 eut pour foyer la Compagnie des wagons-palais de Pullman (*Pullman's palace car Company*) et s'étendit sur tous les réseaux qui desservent Chicago. Cette compagnie, qui distribue tous les ans deux ou trois millions de dollars de dividendes, fabrique des wagons d'un type spécial qui circulent sur tous les réseaux. Elle se charge de les entretenir, de les réparer et d'en faire le service en cours de trajet.

Dejà en mai 1886, 4000 employés de cette compagnie s'étaient mis en grève pour obtenir une augmentation de salaires et la reconnaissance d'une trade union, mais sans aucun succès.

Au commencement de l'année 1894, ces employés s'affilièrent généralement à l'*American Railway Union*, association ouvrière qui comptait alors environ 150.000 adhérents (1) et réclamèrent le rétablissement des salai-

1. Cette association s'est dissoute depuis cette époque. Elle était affiliée à la Fédération of Labor et en rapports étroits avec les Chevaliers du Travail.

res antérieurs qui avaient été récemment diminués d'environ 25 0/0 en raison de la contraction économique. Ce qui irritait surtout les employés, c'est que les traitements des principaux fonctionnaires de la compagnie, directeurs, administrateurs, n'avaient subi aucune réduction.

De leur côté, les directions des vingt-quatre réseaux de chemins de fer qui desservent Chicago, comprenant plus de 70.000 kilomètres de voies ferrées et environ 220.000 employés, s'étaient constituées en un comité, sous le nom de *General Managers' Association*, dans le but d'étudier la solution de tous les problèmes d'intérêt commun et de se prêter, le cas échéant, un mutuel appui.

Il est à remarquer que pendant la période de fermentation, l'American Railway Union fit tous ses efforts pour éviter le conflit. La grève éclata en dépit des résolutions prises par ses directeurs et des conseils qu'ils ne cessaient de donner aux unions locales. Elle intervint officieusement auprès de la Compagnie Pullman en demandant que le litige fût soumis à un arbitrage. La Compagnie refusa formellement d'examiner la proposition. Mais lorsque les employés de Pullman eurent cessé le travail, l'American Union prit la tête du mouvement et décida la grève des chemins de fer. Le 7 mai 1894, les employés élurent un comité de 46 délégués chargés de discuter avec les directeurs. Ceux-ci repoussèrent les demandes du personnel et, le 10 mai, commirent l'imprudence de congédier trois membres de la délégation sous prétexte de diminution de travail. Le soir même, les unions locales se réunirent et votèrent la grève, qui commença le lendemain.

La compagnie répondit immédiatement en congédiant

les 600 employés qui ne s'étaient pas joints aux grévistes. Les ateliers restèrent fermés jusqu'au 2 août. C'était riposter à la grève par le lockout; nous allons voir bientôt apparaître le *boycott*, qui complètera le tableau des mœurs industrielles du Nouveau-Monde.

Jusqu'ici, du reste, les grévistes n'étaient pas, à proprement parler, des employés de chemins de fer : c'étaient les ouvriers et employés d'une compagnie de wagons. L'American Railway réunit un congrès à Chicago et décida que, à partir du 26 juin, tous les membres de l'Union arrêteraient les wagons-palais de la Cie de Pullman et les empêcheraient de circuler sur tous les réseaux. Puis, non contents de boycotter les wagons Pullman, beaucoup d'employés cessèrent tout travail et l'on compta bientôt 100.000 grévistes sur les réseaux qui desservent Chicago. Le gouvernement fédéral envoya 14.000 soldats, gendarmes et policemen pour assurer le maintien de l'ordre. Douze personnes furent tuées et, pendant plusieurs semaines, un des pays les plus industriels du monde fut à peu près privé de tout trafic et de tout transport par terre.

Le jour même où le boycottage fut déclaré, la Général Manager's Association prit une résolution énergique et décida que tout employé qui refuserait d'aiguiller un train comprenant des wagons Pullman, lors même qu'il continuerait son service, serait immédiatement révoqué. Des bureaux furent en même temps ouverts pour embaucher les ouvriers et remplacer les grévistes.

Cépendant l'American Railway Union, qui, dès les premiers jours, désespérait du succès, voyant que la ferme attitude des compagnies ne se démentait pas et que le découragement se glissait parmi les grévistes, essaya une tentative de rapprochement. Le 13 juillet, par l'intermédiaire du maire de Chicago, elle envoya une communication à l'association patronale, déclarant la grève terminée, pourvu que les agents fussent rétablis dans leurs emplois primitifs, sauf ceux qui auraient commis un crime. La Manager's Association fit savoir qu'elle ne répondrait à aucune communication, quelle qu'elle fût, de l'American Railway Union.

Cependant les grévistes, aidés par tout ce que la population d'un grand centre compte de gens disposés au désordre, se fatiguaient peu à peu de fausser les aiguilles, d'arracher les rails, de démonter les signaux et de faire dérailler les wagons. Les moins compromis reprenaient leur service, les vides étaient comblés par des embauchages et, à la fin de juillet, la grève était terminée par le triomphe définitif des patrons. La crise avait duré trois mois. Elle avait coûté aux employés 1.750.000 dollars, 4.672.000 aux Compagnies et 685.000 à l'Etat (1).

SECTION II. — *Législation.*

Les pouvoirs publics avaient-ils en main les armes nécessaires pour arrêter les désordres et empêcher ces grèves?

1. Voyez encore le récit d'une grève à New-York en 1887 : La *Conciliation* et *l'arbitrage dans les conflits collectifs*, (Publication de l'Office du travail, Paris, 1893), pages 361 et 367 et d'une autre grève à Chicago en 1893 (*The Labour Gazette*, mai 1893, p. 22).

Les autorités se bornèrent à prendre les mesures de police urgentes pour la répression des délits de droits commun. Quant à la grève elle-même, les tribunaux pouvaient appliquer deux catégories de lois : les lois fédérales, communes à toute la nation, et les lois des états particuliers, souveraines seulement dans chacun de ces territoires.

§ I. — Lois Fédérales.

Il n'existe aux Etats-Unis aucune loi fédérale interdisant les coalitions d'employés de chemins de fer. La seule arme que la *common law* fournit aux tribunaux est la théorie de la *conspiracy*, à peu près telle qu'elle existe en Angleterre. Dans la constitution fédérale, cette théorie se trouve d'une manière assez fragmentaire, et le grand Jury spécial des Etats-Unis appliqua aux grévistes les textes ci-après :

1° Obstruction au service des postes, (section 3.995 des Statuts) ;

2° Conspiracy pour commettre des délits contre l'Etat (section 5440 des Statuts) ;

3° Conspiracy pour nuire au trafic et au commerce entre les Etats (1) (lois de 1890, chapitre 647) ;

4° Conspiracy pour injurier, menacer, opprimer ou inti-

1. Il existe une autre loi, du 4 février 1887, portant le même titre : *Interstate commerce law.* Mais cette loi ne vise que les *pools* et les *discriminations* et n'a aucun rapport avec les grèves. (Voy. Paul Dubois. *Les chemins de fer aux Etats-Unis*)

mider les citoyens dans le libre exercice de leurs droits et privilèges (section 5508 des Statuts);

Mais plusieurs de ces textes ont un défaut commun : ils ne visent que les faits qui sont délictueux par eux-mêmes, c'est-à-dire lorsqu'ils sont commis par un individu isolé. Ce sont les délits accessoires de la grève, ce n'est pas la grève elle-même, le fait de se concerter pour cesser le travail dans les chemins de fer qui est prévu et puni. Nous ne voyons guère que la « *conspiracy* pour nuire au trafic entre les Etats » qui vise les grèves de chemins de fer et encore cette incrimination est-elle discutable, si l'on considère que les lois sur l'*interstate commerce* ont été faites pour réprimer les abus des compagnies et non ceux de leurs employés.

Aussi tous ces textes sont-ils rarement appliqués, et les tribunaux ont alors recours à une disposition législative que nous croyons spéciale aux Etats-Unis. La loi constitutionnelle permet aux tribunaux de rendre des *injunctions*, mot qui n'a pas tout à fait le même sens en anglais qu'en français (1). L'*injunction* est un ordre négatif, ou une prohibition, interdisant à tels individus de commettre tels actes déterminés, ou leur ordonnant de s'abstenir de les commettre. Cette théorie est des plus délicates dans son application. Les tribunaux doivent accorder une *injunction* pour empêcher que les droits d'un citoyen soient violés ou compromis d'une manière irréparable. Un arrêt formule ainsi ce principe : « la Cour,

1. Voyez, sur les *injunctions* : Jacob Moses, *The law applicable to strikes, prized thesis*, Baltimore, 1895.

« ayant pour mission de protéger la propriété, intervien-
« dra par voie d'*injunction* pour empêcher tout procédé,
« criminel ou non, délictueux ou non, de nature à entraî-
« ner une destruction immédiate de la propriété ou à en
« rendre l'exercice moins utile ou moins *comfortable.* »
L'injunction est souvent employée au cours des grèves pour interdire aux grévistes les actes de boycottage, les *picketings* ou stationnements à la porte des chantiers, les interventions inopportunes, et les personnes qui enfreignent ces ordres sont condamnées, non pour avoir commis des actes que la loi permet, mais pour violation d'une *injunction.* Les peines comportent l'amende et l'emprisonnement.

Mais il est établi que *l'injunction* doit s'adresser à des individus nommément désignés dans le jugement. Aussi critique-t-on vivement une décision de la Cour des Etats-Unis relative à la grève de Chicago. Le 2 juillet 1894, cette Cour enjoignit à M. Debs, un des chefs de *l'American Railway Union*, à tous les officiers de ladite association, « à toute personne en relation avec eux *et à toute*
« *autre personne quelle qu'elle fût*, de s'abstenir d'em-
« ployer les menaces, l'intimidation, la persuasion, la force
« ou la violence pour pousser les employés de chemins
« de fer à refuser l'accomplissement de leur service. »
Les chefs de l'Union ayant continué leur campagne furent poursuivis, arrêtés et relâchés sous caution de 10.000 dollars.

Les *injunctions* ainsi adressées à la cantonade s'appellent *Omnibus-injunction;* nous concevons les protestations qu'elles soulèvent en Amérique, car le pouvoir judiciaire ainsi exercé devient véritablement un pouvoir réglementaire.

Le caractère général des lois fédérales en ce qui concerne les grèves de chemins de fer est donc d'être purement répressives. Aucune mesure préventive n'est prise pour enrayer le développement des coalitions ; les *Trades Unions* jouissent d'une liberté presque absolue et la loi se borne à punir les crimes et délits sans enlever préalablement à leurs auteurs le moyen de les commettre.

§ 2. — Lois des Etats particuliers.

Les lois des États particuliers conservent le caractère général des lois fédérales. Aucune mesure préventive n'est prise par les textes législatifs et la plupart des États se bornent à préciser la théorie de la conspiracy. Cependant quelques États, le Michigan, la Pensylvanie, le Maine, le Kansas, le Delaware et l'Illinois ont été plus loin que la loi fédérale dans la voie de la répression et ont édicté des textes spéciaux aux grèves de chemins de fer.

La législation de l'Illinois (*Statuts de* 1885, chapitre 104, § 109 à 111), prévoit les faits de grève qui offrent le plus de danger pour les voyageurs et les détermine avec la plus grande précision :

§ 109. — « Tout mécanicien qui, en exécution d'un plan « concerté, abandonnera volontairement et malicieusement « sa locomotive sur une voie ferrée, à tout autre point « qu'au lieu de destination de ladite locomotive, sera pas-

« sible d'une amende de cent dollars et de quatre-vingt-« dix jours d'emprisonnement ».

Cet article est spécialement opportun en Amérique où les employés de chemins de fer arrêtaient leurs trains à l'heure déterminée pour le commencement de la grève, à quelque distance qu'ils fussent d'une station.

§ 110. — « Toute personne qui volontairement et malicieu-« sement, par voies de fait ou au moyen d'intimidation, « entravera, autrement que par des moyens légaux, le « fonctionnement régulier d'une compagnie de chemins « de fer..... ou le parcours régulier d'une locomotive, ou « d'un train de marchandises ou de voyageurs... sera pas-« sible d'une amende de deux cents dollars et de qua-« tre-vingt-dix jours d'emprisonnement ».

§ 111. — « Si deux ou plusieurs personnes s'entendent « ou conspirent volontairement et malicieusement pour « entraver ou empêcher par voies de fait ou intimidation, « autrement que par des moyens légaux, le fonctionne-« ment régulier d'une compagnie de chemins de fer... ou « le parcours régulier des trains... elles seront passibles « des mêmes peines ».

Ces dispositions se trouvent reproduites à peu près dans les mêmes termes, par le Kansas (*Lois réunies de* 1885, articles 2213-2215), et le Michigan (*Statuts généraux de* 1882, sections 9273-9275).

Le Delaware (*actes de* 1877, chapitre 481, sections 1-5), le Maine (*Statuts revisés de* 1883, chapitre 123, sections 6-10), et la Pensylvanie (Digeste 1700-1883, sections 128-131), ont des textes spéciaux visant le boycottage des wagons par les employés d'une autre compagnie. Ces lois punissent aussi les excitations à commettre des détériorations au matériel et à abandonner le travail sur les voies ferrées.

Mais l'intention des législateurs de respecter le droit de coalition lorsque la coalition n'est pas réalisée au moyen de certains actes spécialement déclarés délictueux est formellement exprimée dans les lois de l'Illinois, du Michigan et de la Pensylvanie. Le paragraphe 112 des statuts de l'Illinois est ainsi conçu :

« Cette loi n'est pas applicable aux personnes qui quit-
« tent volontairement le service d'une compagnie de che-
« mins de fer, soit ensemble, soit individuellemment, soit
« par plan concerté, soit autrement ».

Le droit à la grève est ainsi expressément reconnu ; la loi est obéie si la liberté du travail n'est pas entravée et si les actes des grévistes ne compromettent pas la sécurité des voyageurs.

Les Etats-Unis ont conservé, comme la Suisse, le système répressif vis-à-vis des grèves de chemins de fer. Les préoccupations de la défense nationale ne sont pas assez vives, dans ces deux pays, pour qu'un tel événement soit considéré au point de vue militaire.

Mais tout en reconnaissant le droit de grève,, quelques-uns des Etats de l'Union ont renforcé leur droit pénal en punissant certains délits professionnels, tels que l'abandon d'une locomotive, qui se produisent presque toujours en cas de grève et qui ne sont pas punis par les lois fédérales. Il est certain qu'il existe sur ce point une lacune dans le droit pénal ordinaire. En effet, qu'un mécanicien abandonne son train en pleine voie, si cet abandon occasionne un accident, le mécanicien sera poursuivi, d'après le droit commun, pour homicide ou coups et blessures par imprudence. Mais, s'il ne se produit aucun accident, quelle inculpation le droit commun nous fournira-t-il ? Personne n'a encore osé proposer la *tentative d'homicide par imprudence*, et nous ne nous en étonnons pas.

Ce n'est donc pas dans l'incrimination prévue par les articles 319 et 320 de notre code pénal qu'il faut chercher la répression de tels et tels manquements professionnels, puisque ces articles sont inapplicables lors que le manquement professionnel n'a pas eu de suites fâcheuses. Mais comme ces actes sont répréhensibles en eux-mêmes, indépendamment des conséquences de fait qui en résultent, il est juste que la loi les déclare délictueux et les punisse, sans tenir compte des conséquences qu'ils ont eues.

Aussi approuvons-nous l'Illinois et les autres états qui à défaut de mesures préventives, ont introduit dans leurs lois la répression de l'abandon de poste et du délit professionnel commis en exécution d'un plan concerté pour entraver le service d'une compagnie de chemins de fer.

CHAPITRE III

GRANDE-BRETAGNE

Section I. — *Les grèves.*

On serait tenté de croire que la Grande-Bretagne a dû, plus que d'autres pays aussi industriels, voir éclore sur son territoire des coalitions parmi les employés de ses voies ferrées. En effet, les chemins de fer y appartiennent à des compagnies privées sur lesquelles l'État a peu ou point de contrôle, les agents de ces compagnies doivent se considérer comme des employés de compagnies quelconques, dépourvus de toute qualité publique et ne relevant que de leurs intérêts ; enfin la puissante organisation des *Trades Unions* ouvrières — *l'Amalgamated Society of Railway Servants* ne compte pas moins de 100.000 adhérents (1) — leur donne une force avec laquelle les patrons seraient obligés de compter.

Cependant le *Board of Trade* n'a, pendant de longues années, enregistré aucun mouvement sérieux de ce genre (2), et c'est seulement depuis 1896 que l'Angle-

1. Voyez à ce sujet : *La Tribune de la Voie Férrée*, 30 janvier 1899.

2. Nous devons cette information à l'obligeance de M. P. Langer, correspondant du *Musée Social* à Londres.

terre et l'Irlande ont été troublées par des grèves de chemins de fer (1).

§ 1. — Grèves d'Angleterre.

A. — *Grève du London and North Western*, 1896-1897. — Un certain mécontentement régnait à la fin de l'année 1896 dans le personnel du *London and North Western*, et des bruits de grève persistants circulaient. Pour éviter la réalisation de cet évènement qui aurait désorganisé le service, les directeurs prirent les devants et renvoyèrent cinquante des employés les plus mécontents, « non pas, disait un directeur, parce qu'ils étaient « trade-unionistes, mais parce que la Compagnie préfé- « rait ne pas conserver une catégorie d'hommes mécon- « tents qui pourraient à un moment donné se mettre en « grève et causer à la compagnie et au public les plus « graves dommages ».

M. Harford, secrétaire général de l'*Amalgamated Society of Railway Servants* déclara qu'il y aurait une grève si ces agents n'étaient pas réintégrés. Le *Board of Trade* convoqua M. Harrison, administrateur général de la compagnie et M. Harford, et réussit à leur faire signer un compromis. M. Harford s'engageait à faire tous les efforts pour empêcher la grève, et la compagnie à reprendre les employés révoqués, ainsi qu'à recevoir les députations de son personnel qui désireraient lui exposer leurs griefs et leurs demandes.

1. *The Labour Gazette*, avril et août 1897.
E. J. O'B. Croker. *Retrospective lessons on railway strikes*. Londres, 1898.

Conformément à cette convention, la compagnie avait accordé aux contrôleurs (*checkers*) une partie de ce qu'ils demandaient, c'est-à-dire une augmentation de salaire, en supprimant le paiement des heures supplémentaire l'orsque M. Bell, secrétaire de l'*Amalgamated Society*, pour Newcasle, fit savoir aux directeurs que les *rullymen* (1) et les garde-magasins cesseraient le travail si le programme des checkers n'était pas intégralement exécuté.

Le 20 février 1897, sept rullymen qui avaient manqué à l'appel le matin furent suspendus. Le même jour, des employés de toute sorte, palefreniers, hommes d'équipe (*porters*) etc, cessèrent le travail et le nombre des grévistes s'éleva bientôt à 5.165.

En quittant le travail sans avis préparatoire, les employés s'exposaient à l'amende et à l'emprisonnement. On fit remarquer également que cette grève avait eu lieu en violation des règlements de l'Amalgamated Society, règlements qui décidént que jamais une grève ne sera résolue avant que les patrons aient été préalablement convoqués à une conférence, et sans que les ouvriers aient exprimé leur avis sur l'opportunité de la grève au moyen d'un scrutin.

La Compagnie consentit alors à négocier avec M. Bell et M. Harford. Il fut convenu que tous les agents reprendraient le travail le 27, et que les deux parties soumettraient les questions en litige à un arbitrage. On choisit

1. Le *rullyman* est un employé chargé de livrer les comestibles aux marchés.

comme tiers-arbitre Lord James of Hereford et la sentence fut rendue le 9 août 1897. Les principaux avantages obtenus par les agents consistaient en une limitation des heures de travail et un barême plus avantageux pour le paiement des heures supplémentaires.

B. — *Congrès de Birmingham,* 11 *et* 12 *octobre* 1897. *Le National Programme.*

Encouragés par le succès qu'ils avaient obtenu auprès de la Compagnie du London and North Western, les administrateurs de l'Amalgamated Society résolurent d'imposer un programne unique à toutes les compagnies de chemins de fer du Royaume-Uni. Ce programme contiendrait les revendications de toutes les catégories d'employés. Un congrès réunit à Birmingham les délégués de chaque grade et de chaque classe d'agents qui exposèrent les desiderata de leurs camarades. Le résultat du congrès fut la rédaction du « National Programme » qui fut soumis à toutes les compagnies avec prière d'envoyer une réponse collective.

Mais les espérances du comité furent cruellement déçues. Une seule compagnie, le North Western, donna une réponse motivée ; quelques-unes se bornèrent à accuser réception, les autres gardèrent le plus dédaigneux silence.

M. Bell s'adressa au Board of Trade pour lui demander d'intervenir auprès des compagnies, mais le Board of Trade répondit que celles-ci étaient mieux placées que personne pour examiner les réclamations de leur personnel.

C. — *Grève du Midland, mars 1898.* — Le 7 mars 1898, un employé du Midland, nommé Morley, fit savoir à

M. Page, chef de la Messagerie à Leeds, que les agents ces. seraient le travail le 17 si on ne leur accordait pas certaines augmentations, et sans doute pour donner plus de poids à sa sommation, il quitta son poste pendant cinq ou six jours. Les directeurs l'ayant révoqué le 21, les employés déclarèrent que Morley avait été « victimé » parce qu'il était trade-unioniste et 250 d'entre eux se mirent en grève en refusant toutes négociations jusqu'à ce qu'il fût réintégré ; 180 camionneurs de Sheffield suivirent leur exemple.

La Compagnie se borna à remplacer les grévistes par de nouveaux employés, et les agents employés dans les autres gares, voyant l'insuccès de leurs camarades, restèrent à leur poste. La grève était vaincue. En réalité, elle était injustifiée et l'Amalgamated Society elle-même en la personne de M. Bell fit tous ses efforts pour engager les employés à reprendre le travail. L'organe officiel de cette Union dit que « c'était un inexcusable abus d'au- « torité de la part d'un leader local que de prendre sur « lui la responsabilité d'une grève, lorsqu'il lui suffisait « d'un télégramme de six pence pour se mettre en rap- « port avec le comité central ».

§ 2. — Grèves d'Irlande.

A. — *Congrès de Dublin,* 21 *mai* 1897. — *Le* « National Programme » *Irlandais.* — Au commencement de l'année 1897, une certaine effervescence régnait parm les employés des chemins de fer irlandais L'Amalgamated Society, pour la réalisation de ses vues, tenta en Irlande ce qu'elle tenta également sans succès en Angleterre, un mouvement général auprès de toutes les compagnies. Un congrès réunit à Dublin, le 21 mai, les délégués de chaque catégorie d'employés et l'on y élabora le *National Programme Irlandais*, déterminant pour chaque classe d'agents des augmentations de salaire, des diminutions d'heures et des règles générales concernant l'avancement, la discipline etc.

Le congrès était présidé par M. Harford, que nous connaissons déjà, assisté de M. Tevenan, secrétaire.

Au mois d'octocre 1897. M. Tevenan envoya à toutes les compagnies irlandaises, sous forme de circulaire, le *National Programme* de Dublin ; il les invitait en même temps à prendre part à une conférence où seraient discutées avec les délégués de l'Amalgamated les revendications du personnel. On eut soin pour appuyer cet envoi d'entretenir le mécontentement et la fermentation sur tous les réseaux et de préparer les ouvriers à l'idée de la grève ; enfin chaque Compagnie reçut un exemplaire du *National Programme Irlandais* des mains de ses employés.

Les Compagnies refusèrent unanimement d'entrer en pourparlers avec le comité de l'Amalgamated et de le reconnaître comme porte-parole de leur personnel. Elles se déclaraient disposées à accueillir les plaintes isolées et même collectives de leurs employés, mais à condition qu'elles leur fussent présentées par les employés eux-mêmes et, quant au programme de Dublin, aucune ne voulut l'examiner.

Après plusieurs tentatives du même genre, toutes également infructueuses, M. Tevenan fit signer à chaque employé un bulletin par lequel chacun s'engageait à se mettre en grève le jour fixé. Le 1er décembre, M. Tevenan informa la Cie du Great Northern, au nom de 1.983 de ses employés et la Cie du Midland Great Western au nom de 1.379 employés, soit la presque totalité du personnel, que la grève commencerait le 15, si ces compagnies ne reconnaissaient pas à la Trade Union la qualité de représentant des ouvriers.

Les Compagnies se bornèrent à faire publier dans les journaux l'avis suivant :

« On demande des hommes pour remplir des vacances « dans les services de l'exploitation (*traffic*), de la voie « (*permanent way*), et de la traction de ce chemin de « fer ».

Le *Great Northern* reçut, à lui seul, plus de 6.000 offres d'emploi. M. Tevenan, renonçant à triompher avec ses seules forces, s'adressa au *Board of Trade ;* malheureusement, sa requête arriva au ministère le lendemain du jour où on avait répondu à celle de M. Bell au sujet du mouvement de Birmingham, et elle demeura sans réponse. D'ailleurs, le mouvement était désapprouvé par la « *Railway Review* », organe de l'*Amalgamated*, qui ne cessait de prédire aux grévistes l'échec auquel ils s'exposaient. M. Tevenan, s'apercevant enfin qu'il avait mal choisi son heure, écrivit aux Compagnies qu'il retirait sa sommation.

B. — *Grève du « Cork, Bandon and South Coast »*. — Janvier-mai 1898.

Les Directeurs croyaient les troubles définitivement terminés, lorsqu'un incident surgit sur le « Cork, Bandon and South Coast ». Le 12 janvier 1898, un signaleur nommé Buckley fut déplacé pour une série de graves négligences dans son service. Comme Buckley était un des membres les plus actifs de la Trade-Union et orateur de réunions publiques, l'évènement prit les proportions d'un *casus belli*. L'infatigable M. Tevenan répandit aussitôt le bruit que Buckley avait été *révoqué*. Le 24, il réunissait les employés en un meeting où la grève fut décidée et, le jour même, presque tous les agents de Cork cessèrent le travail.

M. Bell accourut de Londres et offrit à la Compagnie les bons offices de l'Amalgamated pour aplanir les difficultés. La Compagnie fit à ces ouvertures l'accueil que l'on devine et prévint les grévistes qu'elle leur donnait jusqu'au 29 pour reprendre leur service, que, passé cette date, tous ceux qui manqueraient seraient remplacés et qu'elle poursuivrait devant les tribunaux ceux qui auraient rompu leur contrat sans observer les délais légaux.

Les grévistes, au nombre de 300 environ, ayant refusé de reprendre le travail si Buckley n'était pas réintégré, la compagnie consentit, sur l'intervention de la chambre de commerce de Cork, à proroger son ultimatum jusqu'au 31, puis elle procéda à l'embauchage de nouveaux employés. Les grévistes reconnurent alors que MM. Tevenan et Bell les avaient leurrés, car leurs places furent bientôt remplies. Le 18 avril, ils demandèrent leur réintégration sans conditions par l'intermédiaire de l'évêque de Cork. La Compagnie en reprit quelques-uns et les autres allèrent sans doute, comme l'avait prédit un journal local (1),

1. *Cork Constitution*. 17 novembre 1897 : « M. Tevenan, en toute

méditer les dures leçons de l'infortune sur le pont d'un bateau d'émigrants.

Les incidents violents ne manquèrent pas au cours de cette grève, car l'exaspération des grévistes était entretenue par l'embauchage d'employés étrangers. Le 18 février, neuf soldats qui rejoignaient leur garnison à Cork en habits civils furent pris pour des blacklegs. Une foule hurlante les entoura et les laissa pour morts. Nombre d'employés furent molestés et battus. Le 20 mars, près de Frankfield, au moment où l'express allait passer on s'aperçut que les deux rails avaient été savamment déboulonnés et déplacés pour faire dérailler le train. Il faut reconnaître que l'Irlande n'a pas le monopole de ces tentatives criminelles.

Section II. — *Législation.*

Il est malaisé de savoir comment le gouvernement interpréterait et appliquerait les lois dont il dispose, en cas d'une grève importante dans les chemins de fer. Lorsque la Fédération des Railway Servants, à la suite du congrès de Birmingham, envoya son National programme au Board of Trade, celui-ci répondit énigmatiquement que « la grève générale serait en désaccord absolu avec la « position exceptionnelle que les employés de chemins de « fer ont réclamée et qui leur est assurée par les lois,

cette affaire, ne risque rien. Il n'en est pas de même des employés qui hasardent leur position, la ruine de leurs familles et la possibilité d'être réduits, pour dernière ressource, à se jeter sur les bateaux d'émigrants ».

« elle témoignerait d'un tel mépris pour les convenances « du public qu'il est impossible de croire qu'un nombre « notable d'employés veuille s'y associer (1) ».

Les actes de 1871, 1875 et 1876 ont aboli l'ancienne théorie de la *conspiracy*, d'après laquelle toute coalition, permanente ou transitoire, était un délit. La grève est désormais permise et la loi ne punit que les entraves à la liberté du travail.

On concevrait, cependant, que la loi fît une exception pour les chemins de fer. Or il n'en est rien, et les coalitions d'employés de chemins de fer sont licites, tandis que l'article 4 de l'acte de 1875 punit d'emprisonnement les coalitions qui ont pour effet de priver un quartier ou une ville d'eau ou de lumière.

Est-ce à dire, pour autant, que l'on soit absolument sans défense? Non, et nous trouvons des textes applicables aux grèves de chemins de fer dans la législation générale et dans des actes spéciaux. L'acte de 1875 réprime, outre les entraves à la liberté du travail (violences, intimidation, etc.), la rupture du contrat sans avis préalable : un jour d'avance pour les employés à la journée, une semaine et un mois pour ceux qui sont payés à la semaine et au mois; l'article 5 punit même d'emprisonnement « quiconque, volontairement ou par malveil- « lance, seul ou avec d'autres, rompt son contrat de ser- « vice, sachant ou ayant raisonnable motif de penser que « son acte met en péril la vie humaine ou la propriété. »

1. Rapport de l'ambassadeur de France à Londres, *Bulletin de l'Office du Travail*, 1897, page 798.

Enfin il existe deux actes qui répriment spécialement, en ce qui concerne les chemins de fer, ce que nous avons appelé le délit professionnel.

Le III et IV de la Reine Victoria, chap. 97, section 13, punit de deux mois d'emprisonnement, avec ou sans travail forcé, et de l'amende, « tout mécanicien, surveil- « lant, homme d'équipe ou autre employé d'une compa- « gnie de chemins de fer qui sera trouvé en état d'i- « vresse pendant son service ou qui violera les règle- « ments de la compagnie, ou qui, volontairement, par « malveillance ou négligence, fera ou omettra de faire « un acte d'où dépendent la vie et la sécurité des per- « sonnes, ou qui compromet les travaux en cours, ou qui « obstrue ou empêche le passage des locomotives et des « trains, et toute personne qui conseillerait, aiderait ou « assisterait le délinquant. » L'acte V et VI de la Reine Victoria, chap. 55, section 17, étend les dispositions qui précèdent à tous les ouvriers qui travaillent, à un titre quelconque, sur les voies ferrées.

Ce texte contient, à notre avis la meilleure définition que l'on puisse donner du délit professionnel, car tous les cas possibles sont visés. Mais la loi ne contient aucune mesure préventive.

CHAPITRE IV

ITALIE.

Section I. — *Les Grèves.*

L'histoire industrielle de l'Italie offre très peu de grèves de chemins de fer.

Au mois de mai 1897, douze cents ouvriers des ateliers des chemins fer, à Naples, se mettaient en grève pour protester contre le congédiement de trente-quatre d'entre eux. Le travail fut interrompu pendant cinq jours et les grévistes obtinrent satisfaction (1). Mais des événements plus graves se produisirent au mois de mai 1898. Un mouvement révolutionnaire souleva plusieurs villes de l'Italie et Milan fut le théâtre d'émeutes sanglantes. Les insurgés pillèrent des édifices publics, incendièrent les tramways, se barricadèrent dans les rues et, comme le gouverne-

1. *Rapport du conseil d'Administration du Syndicat National des Travailleurs des chemins de fer*, présenté au congrès de 1898, page 9.

ment dirigeait des troupes sur la ville, entreprirent de mettre hors de service les voies ferrées aboutissant à Milan. L'état de siège fut proclamé dans la plupart des provinces, les troupes firent leur devoir et tout rentra dans l'ordre. Mais l'alarme avait été vive et on avait craint un moment que les employés de chemins de fer ne se joignissent aux insurgés en refusant de faire plus longtemps leur service.

Voici ce qui s'était passé :

Depuis le 7 mai on remarquait une certaine agitation dans le personnel des chemins de fer, notamment dans celui du service de la traction. Le 8, le secrétaire de la Ligue des Mécaniciens (*Lega macchinisti*) envoyait une circulaire secrète invitant les syndiqués à la cessation du travail si la Ligue était dissoute et ses chefs arrêtés. Une autre circulaire analogue était en même temps lancée par la section de Vérone de la *Lega dei ferrovieri*. Les mécaniciens de Milan rédigèrent alors une supplique où ils disaient que les insurgés les menaçaient de leur vengeance s'ils ne faisaient pas cause commune avec eux, que plusieurs trains avaient déjà été arrêtés par les émeutiers et qu'ils se proposaient de cesser leur service si les autorités ne prenaient pas les mesures nécessaires à leur sécurité. Le motif donné par les mécaniciens était-il sincère, ou n'était-ce qu'un habile prétexte destiné à atténuer la gravité de leur décision, il est difficile de le savoir, car chacun des signataires faisait peut-être un calcul différent ; toujours est-il que les sept mécaniciens qui avaient signé la supplique furent traduits en conseil de guerre, et l'agitation se calma. Ils furent condamnés, le

12 juillet, à des peines variant entre 10 et 20 mois de réclusion (1).

Le gouvernement prit en outre à l'égard des agents des chemins de fer des mesures d'un caractère général. Les militaires en congé illimité appartenant au service des chemins de fer furent rappelés sous les armes dès le mois de mai, et cette mesure ne fut rapportée que le 28 décembre 1898, bien après la levée de l'Etat de siège (2). En outre, la *Lega dei ferrovieri*, dont le siège était à Milan, fut dissoute. Cette ligue comptait alors environ 35.000 membres ; elle avait organisé des caisses d'épargne et de secours et des sociétés de consommation (3).

Section II. — *Législation. — La militarisation des chemins de fer.*

En dehors de la loi martiale, qui est d'une application exceptionnelle, la loi italienne ne contient aucun texte interdisant les coalitions d'employés de chemins de fer. De quelles armes aurait donc disposé le gouvernement si les faits reprochés aux mécaniciens de Milan et ceux dont on redoutait l'éventualité se fussent produits en temps normal, sous l'empire du droit commun ?

Le code pénal italien contient un chapitre (articles 312-317) réprimant les délits contre la sûreté des moyens de

1. La *Stampa*, 13 juillet 1898.

Les tribunaux militaires, à Milan seulement, prononcèrent 700 condamnations. (*La Stampa*, 11 janvier 1899).

2. La *Stampa*, 26 décembre 1898.

3. La *Tribune de la voie ferrée*, 19 décembre 1898.

transport et de communication. Outre les dispositions qui se rencontrent dans tous les codes, — dans le nôtre, notamment — nous y lisons la disposition suivante :

Article 314. « Quiconque, par imprudence ou négli- « gence, ou par incapacité dans son art ou sa profession, « ou par inobservation des règlements, occasionne *un* « *danger d'accident* sur les voies ferrées est puni de la « détention de 3 à 30 mois et de 50 à 3.000 lire d'amende, « et, si l'accident se produit, de 2 à 10 ans de détention.

Article 317. « En ce qui concerne la présente loi, aux « chemins de fer ordinaires sont assimilées toutes les « autres voies munies de rails métalliques, exploitées à « la vapeur, ou par tout autre moyen mécanique. »

C'est la répression du délit professionnel, mais ce n'est pas la répression de la grève pure et simple et les mécaniciens de Milan auraient échappé à l'application de cet article, puisque leur cessation concertée de travail n'aurait pas nécessairement mis la vie humaine en péril.

Le ministère Pelloux entreprit de combler cette lacune et de mettre aux mains du gouvernement des armes préventives. Avant que l'état de siège fût levé, il résolut de hâter le vote d'un ensemble de mesures les unes temporaires, les autres définitives pour le maintien de l'ordre public. Ces mesures avaient été proposées par le ministère di Rudini ; le ministère Pelloux les modifia légèrement (1).

1. — *Mesures urgentes et temporaires.* — Le projet de

1. Voyez : Alcide Ebray. La défense sociale en Italie, (*Revue politique et parlementaire*, 10 août).

La Stampa, juillet 1898.

loi avait pour principal objet la réglementation du domicile forcé (*domicilio coatto*), ingénieux euphémisme qui désigne la déportation, et la *militarisation* des services publics : postes, télégraphes et chemins de fer.

L'article 4 était ainsi conçu :

« Les militaires, soit de l'armée, soit de la marine, qui « font partie du personnel des chemins de fer,... peuvent « être rappelés sous les armes pour le temps que le gou- « vernement jugera nécessaire, tout en continuant de « remplir leurs fonctions respectives et leurs emplois.

« Ils continueront à percevoir les salaires qui leur sont « dûs, sans pouvoir faire valoir aucun droit à être rétri- « bués par le budget de la guerre.

« Ils seront soumis à la justice militaire, mais continue- « ront à être soumis à toutes les obligations qui leur in- « combent selon les règlements des administrations res- « pectives où ils sont employés ».

Art. 5. « Ces dispositions resteront en vigueur jusqu'au « 30 juin 1899 ».

Le point caractéristique de ce projet était de maintenir les employés dans les chemins de fer, au lieu de leur faire rejoindre leur corps, en cas de rappel au service militaire et de mobilisation.

Le projet fut combattu par les députés de gauche, et, notamment, par M. Nofri, ancien président de la *Lega Ferrovieri* (1).

Ils demandaient que l'on se contentât de peines répres-

1. M. Nofri, condamné à quinze jours de prison par le conseil de guerre de Milan à la suite des événements de mai, pour outrage à l'autorité, fut acquitté en appel.

sives contre les délits qui peuvent se commettre en temps de grève et objectaient que la loi proposée par le gouvernement lui permettrait de suspendre les droits électoraux des employés de chemins de fer. M. Pelloux répondit que cette inquiétude était illusoire, car les élections ne se font pas en temps de trouble et insista sur le caractère temporaire des mesures proposées.

L'ensemble de la loi fut voté à la Chambre le 12 juillet (1) par 177 voix contre 37 (2) et au Sénat le 14, par 64 voix contre 4. Le 4 septembre, le roi signa un *Règlement pour l'exécution de la loi du 17 juillet 1898 concernant l'application des mesures urgentes et temporaires pour le maintien de l'ordre public* (3).

Le chapitre III de ce décret, articles 24 à 33, règlemente le « rappel au service militaire des militaires en « congé illimité appartenant au personnel des chemins de « fer ».

Les employés de chemins de fer qui, après avoir accompli leur service militaire actif, ont été envoyés en congé illimité, sont considérés comme étant en service sous les drapeaux à partir de la publication de l'ordre qui les rappelle sous les armes (4). Ils portent dès lors au collet les étoiles de l'uniforme militaire et un chevron au bras droit et il leur est interdit de quitter leur uniforme, même en dehors du service (5). Toute infraction aux règlements de

1. Et non pas le 11, comme l'affirme M. Ebray.
2. Et non pas 203 contre 40, comme l'affirme le même auteur.
3. *Gazzetta Ufficiale del Regno d'Italia*, 26 septembre 1898.
4. Article 26.
5. Article 29.

de leur compagnie prend le caractère de délit aux termes du code pénal militaire (1), et l'agent qui abandonne son service est considéré comme déserteur après 24 heures d'absence (2). Enfin, pour la discipline et la juridiction, les divers grades hiérarchiques des compagnies sont assimilés aux grades de l'armée (3). Les manœuvres (*manovali*), gardiens, cantonniers, garde-freins, lampistes, aiguilleurs (*deviatori*), gardes-barrières, accrocheurs, (*agganciatori*), graisseurs, ouvriers des ateliers (*manuali*), sont simples soldats; les chefs d'équipe, contremaîtres, brigadiers-poseurs (*capi squadra della linea*), conducteurs, chauffeurs, visiteurs etc., sont caporaux et caporaux-majors; les surveillants, chefs aiguilleurs, chefs conducteurs, mécaniciens, etc., sont sergents et fourriers-majors; les chefs et sous-chefs d'ateliers (*capi e sotto-capi officina*), chefs et sous-chefs de dépôt, chefs de gare, contrôleurs, chefs télégraphistes, commis à l'exploitation etc., sont sous-lieutenants et lieutenants; les inspecteurs et sous-inspecteurs, chefs des gares principales, ingénieurs et chefs de section, capitaines. Les autres fonctionnaires sont officiers supérieurs (4).

La loi italienne s'écarte donc complètement du système répressif et elle prévient les délits au lieu de les attendre. Elle possède l'avantage de mettre aux mains du gouvernement, même en temps de paix, une arme puissante,

1. Article 30.
2. Article 31.
3. Article 28.
4. Tableau A indiquant l'assimilation des grades.

puisqu'elle lui permet à toute époque de rappeler les *ferrovieri* sous les drapeaux. En second lieu, elle ne fait aucune distinction entre les employés permanents, classés et non classés.

Néanmoins, cette loi ne justifiait, à notre avis, ni les espérances que le parti conservateur fondait sur elle, ni les attaques dont elle fut l'objet de la part des libéraux. Le rappel sous les armes n'atteint que les *militaires en congé illimité* appartenant au service des chemins de fer. Or, tous les employés ne sont pas des militaires en congé illimité ; beaucoup n'ont pas encore tiré au sort ; d'autres ont été dispensés ou réformés par le conseil de révision ; d'autres ont dépassé l'âge du service dans les fractions de réserve de l'armée. Il en résulte que la militarisation n'affecte qu'un peu plus de neuf mille employés (1), chiffre excessivement minime par rapport au personnel total et qui correspond à peu près à l'effectif des sections techniques de France. L'idée est ingénieuse,mais dans l'exécution on s'est arrêté à mi-chemin.

2. — *Projet de loi permanente.* — Le gouvernement déposa en outre un projet de loi permanente que la clôture de la session parlementaire ne permit pas de discuter. Ce projet comprenait, à peu près textuellement, les dispositions arrêtées par le décret du 4 septembre. En outre, étaient passibles d'une amende de 300 à 3.000 fr. les employés de chemins de fer qui, au nombre de 3 ou

1. Discours de M. di San Marzano, ministre de la guerre, à la Chambre des Députés, le 24 novembre 1898. (*La Stampa*, 25 novembre).

davantage et de propos délibéré, abandonneraient leurs fonctions ou omettraient de remplir les devoirs qui leur sont imposés, et cela, de manière à empêcher ou déranger le fonctionnement régulier du service ; la même peine pouvait frapper tout individu qui, même isolément et sans concert préalable, se serait rendu coupable des mêmes manquements à un moment où son service était nécessaire.

C'est là la répression directe de la coalition et il nous semble qu'elle serait inutile si le système préventif esquissé dans le décret du 4 septembre 1898 était généralisé. Quoiqu'il en soit, ce projet est devenu caduc par suite du départ de la Chambre, et il n'a pas été renouvelé à la session de novembre. Le 29 janvier 1899, le conseil des ministres s'est occupé de transformer en loi permanente les mesures votées en 1898 qui cesseront d'être en vigueur le 30 juin 1899 (1). C'est la solution la plus probable.

1. *La Stampa*, 30 janvier et 2 février 1899.

Voyez aussi, sur la suppression du journal « *Il Treno* », *La Tribune de là Voie Ferrée*, 30 janvier 1899.

CHAPITRE V

BELGIQUE, ALLEMAGNE, ETC.

Des pays que nous avons passés en revue, les trois premiers forment un groupe à part. La Suisse semble ignorer les coalitions de cheminots et s'est bornée à réprimer certains délits professionnels. Les Etats-Unis, les États de l'Union et l'Angleterre ont conservé quelques survivances, plus nominales que réelles, de l'ancienne théorie de la *conspiracy;* mais si leur législation permet la coalition en général, elle a pris des mesures spéciales en ce qui concerne les chemins de fer. Le droit d'*injunction*, combiné avec la répression — variable selon les États — du délit professionnel, tel est le point caractéristique du système américain, tandis que l'Angleterre a poursuivi le même but en donnant une définition aussi compréhensive que possible du délit professionnel.

Enfin ces trois Etats ont ceci de commun que leur législation est essentiellement répressive.

La législation qui s'élabore en Italie s'oriente d'un autre côté. On y semble décidé, non-seulement à réprimer le délit professionnel, mais aussi la coalition simple, la cessation concertée de travail sur les réseaux de voies ferrées. On y fait même l'essai d'une législation préventive, plaçant les *ferrovieri*, en cas de besoin, sous la main de l'autorité militaire, mais cette législation est provisoire et ne concerne qu'un très petit nombre des employés.

Ici, une observation est nécessaire. Dans les pays dont nous venons de parler, la question du droit de coalition pour les employés de chemins de fer se pose, tandis que dans d'autres nations elle ne se pose pas, étant résolue d'avance. En effet, en Suisse, aux Etats-Unis, en Angleterre et en Italie, où beaucoup de lignes appartiennent à l'État, toutes sont *exploitées* par les sociétés et les employés sont, non pas des fonctionnaires vis-à-vis de l'État, mais des ouvriers vis-à-vis d'un patron. Il est donc nécessaire de faire à leur égard des lois spéciales si l'on veut enlever à ces employés le droit de coalition lorsqu'il est laissé aux autres corporations.

Mais il est des pays où cette situation est renversée. En Belgique, presque tous les chemins de fer appartiennent à l'Etat et sont exploités par lui ; en Allemagne, tous les chemins de fer, même ceux qui appartiennent à des compagnies privés, et ils sont nombreux, sont exploités par l'Etat. Il en résulte que, d'après les lois de ces pays, les employés ne sont pas des ouvriers en présence du gouvernement. La coalition n'étant pas permise aux fonctionnaires, il est superflu de faire des lois spéciales pour enlever aux employés un droit qu'ils n'ont pas.

En Prusse, les employés de chemin de fer ne jouissent pas du droit de syndicat professionnel. Il paraît qu'en fait ils ont constitué entre eux une association corporative (1) mais nous ignorons quelle est à cet égard

1. *La tribune de la voie ferrée*, 11 juillet 1898.

la tolérance administrative. On se doute d'ailleurs de ce que peut être le droit de grève dans un pays où selon l'expression de M. Trarieux, « les gares ressemblent à des casernes. »

La question est un peu plus compliquée en Belgique. Il n'y a jamais eu de grève dans le service des chemins de fer concédés ; on ne connaît même aucune tentative sérieuse. En 1893, lors de l'effervescence générale, les ouvriers des ateliers de réparation de wagons avaient annoncé une grève pour appuyer la révision de la constitution. Les chefs de service, sur l'ordre du Ministre, rappelèrent l'article du règlement intérieur d'après lequel tout refus de service est un cas de renvoi et avertirent les intéressés qu'ils ne seraient jamais réadmis au service de l'Etat. Pas un ne fut absent, et il ne fut plus question de grève.

Mais quelles sont, parmi les personnes attachées au service actif des chemins de fer, celles qui doivent être considérées comme des fonctionnaires ? Telle est la question, car le droit de coalition est refusé aux fonctionnaires par l'article 236 du Code pénal. On a proposé de faire une distinction entre le travail essentiel de l'exploitation (mise en marche des trains) et les travaux de réfection des voies et du matériel ; le premier serait service public et le second régie. Mais cette distinction n'a aucune portée, car les règlements administratifs suppriment l'exercice du droit dans tous les cas.

Lorsqu'on discuta la loi sur les unions professionnelles, on se demanda si ce droit appartiendrait aux employés de chemins de fer. Le Ministre des chemins de fer se prononça pour la négative et c'est la solution qui a prévalu (1).

La France occupe au point de vue de la qualité des employés de chemins de fer de l'État une situation spéciale. Une question analogue se posera en Suisse lorsque les chemins de fer auront été rachetés par le gouvernement fédéral.

On n'a signalé en Espagne qu'une courte grève, en juin 1893, parmi les mécaniciens de la Compagnie du Nord (2). Une grève de chemins de fer a eu lieu au Chili en octobre 1898. Nous n'insisterons pas davantage sur ces événements.

1. Nous devons ces renseignements à l'obligeance de M. H. Lambrechts, bibliothécaire à l'Office du travail Belge, correspondant du *Musée Social* à Bruxelles.

2. *The Labour Gazette*, juillet 1893, p. 69.

DEUXIÈME PARTIE

Les grèves de chemins de fer en France.
Les Syndicats Professionnels.

Nous avons montré la part active que prennent en tous pays les associations ouvrières dans les conflits industriels. Ce sont elles qui résument et formulent les desiderata de la corporation ; ce sont elles qui précisent, par des réunions, conférences, publications, l'idée de la lutte contre le capital ; ce sont elles enfin, qui dirigent le mouvement de grève et qui prétendent être, vis-à-vis des pouvoirs publics et des patrons, la représentation officielle et l'organe des ouvriers pour déclarer la guerre et signer la paix. Il est donc nécessaire, pour bien se rendre compte des difficultés que soulève en France la question des grèves dans les chemins de fer, de connaître quelle est, en droit et en fait, la situation des syndicats d'agents de chemins de fer.

CHAPITRE I

LA LOI DU 21 MARS 1884.

Les syndicats professionnels ne sont pas passés brusquement de l'état de prohibition absolue où ils étaient en 1791, à la très réelle liberté dont ils jouissent depuis 1884; entre ces deux points extrêmes ils ont suivi une longue période de transition où la tolérance est devenue peu à peu le mot d'ordre, dans l'administration et la magistrature, avant d'être formellement consacrée par la loi.

L'article 291 du code pénal précise et renforce la loi de 1791 en définissant l'association réunion permanente de plus de vingt personnes, s'assemblant à des jours marqués. Mais on s'aperçut bientôt qu'il était facile de tourner la loi. Il suffisait en effet de se constituer en groupes de moins de vingt membres affiliés les uns aux autres comme les *ventes* des sociétés secrètes ou de ne pas déterminer d'une manière périodique la date des réunions. La loi du 10 avril 1834 combla cette lacune en déclarant que seraient considérées comme associations prohibées, à moins d'une autorisation formelle, même les sociétés composées de groupes de moins de vingt membres affiliés les uns aux autres et se réunissant à des dates non régulières. La loi aggravait également l'art. 292, en portant la peine à un emprisonnement de 2 mois à un an, au lieu d'une simple amende, emprisonnement qui pourrait être élevé au double en cas de récidive.

Cette loi ne fut pas modifiée pendant cinquante ans et, tant qu'elle fut le seul texte applicable, aucune association professionnelle ne pouvait se constituer sans l'autorisation administrative, autorisation qui, d'ailleurs, était révocable et souvent révoquée. Leur situation était donc éminemment précaire, car tant qu'elles n'avaient pas obtenu l'autorisation, les associations étaient illicites, et lorsqu'elles l'avaient obtenue, la crainte de déplaire au pouvoir les obligeait à la plus grande réserve.

Il ne semble pas que les employés de chemins de fer aient mis à profit cette législation, toute absolutive et discrétionnaire qu'elle fût, pour constituer des associations analogues à celles que l'on voyait, dans les autres métiers, tolérées ou approuvées et ils n'allèrent pas au-delà de la société de secours mutuels. Nous trouvons cependant la trace d'une association des agents des chemins de fer français, constituée en assemblée générale le 7 juillet 1867. Le conseil d'administration était formé de deux membres pour chacune des cinq compagnies ayant leur siège à Paris (1).

La tolérance s'était d'abord manifestée à l'égard des syndicats patronaux ; à la fin de l'Empire, le 30 mars 1868, le ministre du commerce Forcade de la Roquette déclara

1. *Circulaire du Comité provisoire* du 14 juillet 1867. (Paris Imprimerie Bonaventure).

qu'à l'avenir les syndicats ouvriers jouiraient de la même tolérance, de telle sorte que presque toutes les professions étaient organisées lorsque fut votée la loi du 21 mars 1884.

Mais l'administration s'était toujours opposée à ce que les employés de chemins de fer usassent de cette tolérance.

Après la guerre, les mécaniciens et chauffeurs tentèrent de constituer une société corporative. Le 27 mars 1871, un comité se réunit à Paris pour fonder une société de secours mutuels ; on confia le travail d'organisation aux agents de la Compagnie P. L. M. et les délégués jurèrent que si l'un des associés était révoqué, tout service serait suspendu dans le dépôt de l'agent. Le 13 avril, les statuts de l'*Union Fraternelle des mécaniciens et chauffeurs* furent votés par 250 délégués. Le 3 et le 11 mai, le comité se réunit de nouveau, mais décida de rester dans l'expectative en raison des événements politiques. Puis une pétition fut adressée au ministre des travaux publics pour obtenir des modifications dans le service des compagnies.

Par deux dépêches des 22 mai et 14 juin, le gouvernement signala aux compagnies l'agitation qui règnait dans leur personnel, leur déclara que jamais il n'approuverait la constitution de l'*Union Fraternelle* et les invita à sévir contre les meneurs. Un certain nombre de révocations furent prononcées. Les mécaniciens et chauffeurs adressèrent à leurs camarades, dans tous les dépôts, un appel et une pétition au ministre pour recueillir des adhésions et des signatures.

Cette nouvelle pétition fut remise au gouvernement le

12 juillet et, le même jour, dans une circulaire adressée à leurs camarades, les délégués affirmèrent que le ministre leur avait fait un accueil sympathique, qu'il s'était montré « très surpris des mesures de sévérité prises par « les compagnies » et qu'il leur avait « promis de faire le « nécessaire pour y mettre un terme ». Dans des dépê- du 9-10 août, adressées aux compagnies, le ministre protestait contre la version donnée de l'entrevue, disant qu'il avait simplement reçu les pétitionnaires « avec politesse » et il insistait pour que les compagnies révoquassent les agents qui étaient à la tête du mouvement.

Les compagnies firent afficher cette lettre dans tous les dépôts (1) et il ne fut plus question de l'*Union Fraternelle* (2).

La loi du 29 mars 1884 abroge la loi du 24 juin 1791 et l'art. 416 du code pénal et déclare que les dispositions répressives des articles 291-294 du même code et de la loi du 10 avril 1834 ne seraient pas applicables aux syndicats professionnels. C'est donc la situation retournée par rapport à 1791. A cette époque, en effet, les associations professionnelles étaient seules prohibées ; depuis 1884, elles sont seules permises. Aucune autorisation administrative n'est désormais exigée ; les associés sont en règle avec les tribu-

1. Ordre de service, n° 123 de la Cie P,-L.-M., 2 septembre 1871.

2. Voyez les procès intentés aux Compagnies par les mécaniciens et les chauffeurs révoqués, notamment : Trib. com. de la Seine, 28 juillet 1873 (Guimbert, Frérebeau, Carganico et Muller c. P.-L.-M). Cour de Nimes, 12 décembre 1872 (Tribos, Gazagne et Quenet c. P.-L.-M.), etc.

naux répressifs lorsqu'ils ont déposé quelques papiers à la mairie et l'accomplissement de cette formalité confère à leur collectivité la personnalité civile et le droit d'ester en justice. Les syndiqués jouissent d'un droit que l'autorité ne peut ni entraver ni suspendre, et le maire qui reçoit leur déclaration ne peut pas plus la refuser qu'il ne peut refuser de dresser l'acte de naissance d'un nouveau-né. L'autorité ne s'est réservé qu'une chose — aussi bien elle ne pouvait pas y renoncer — la surveillance du syndicat et la faculté d'en demander la dissolution aux tribunaux au cas de violation des règles si peu gênantes qui lui sont imposées, et encore cette intervention est-elle réservée à l'autorité judiciaire. Les directeur et administrateurs sont alors passibles d'une amende de 16 à 500 frs. En somme, la loi veut seulement que l'autorité soit renseignée ; elle donne au syndicat la liberté et ne lui demande en échange que la franchise et la loyauté.

Quelques dispositions accessoires limitent le droit d'acquérir des immeubles et, de l'avis général, permettent au syndicat d'acquérir à titre gratuit.

Mais quel sera le but à remplir par ces associations ainsi pourvues de semblables moyens d'existence et d'action ? L'article 3 de la loi nous dit que « les syndicats professionnels ont exclusivement pour objet l'étude et la défense des intérêts économiques, industriels, commerciaux et agricoles ». Le programme est vaste et on y peut faire entrer toutes les branches de l'activité humaine avec les problèmes dont la solution inquiète et divise les esprits. L'action politique n'est-elle pas un moyen de défendre ses intérêts économiques ? Et la politique ne se complique-t-elle pas nécessairement de questions de personnes, de questions de religion ? Où s'arrêtera l'action des syndicats ? On est d'accord pour refuser aux syndicats le droit de s'occuper de politique, mais en fait il sera toujours difficile de fixer le moment où le vœu de la loi est violé. Un projet de loi se prépare ; les intérêts économiques, industriels, etc., de telle profession sont en jeu ; le syndicat emploiera évidemment tous les moyens pour obtenir un résultat conforme à ces intérêts. Il réunira une assemblée générale, puis un congrès ; il fera campagne dans quelques journaux ; il cherchera à remuer l'opinion du public et à exciter en particulier celle des intéressés ; il s'efforcera d'agir sur les députés, encouragera les timides, félicitera les bons et menacera les mauvais ; il fera jouer les ressorts électoraux ; tout cela n'est-il pas de la politique ?

Il ne saurait en être autrement. Les syndicats jouissent d'un pouvoir que la loi leur a accordé ; il leur faudrait une sagesse surhumaine pour ne pas en user jusqu'à ses limites extrêmes et ne pas en abuser quelquefois. « Arle-« quin donne à ses enfants une trompette et un tambour », écrivait Mérimée ; « amusez-vous, leur dit-il, mais ne « faites pas de bruit ! »

CHAPITRE II

LA LOI DE 1884 EST-ELLE APPLICABLE AU PERSONNEL DES CHEMINS DE FER?

SECTION I. — *La loi de 1884 n'est pas applicable aux fonctionnaires.*

Si le droit de se syndiquer est un instrument qui devient si vite une arme offensive entre les mains d'un exalté, il est des cas où il devient imprudent et dangereux d'en permettre indifféremment l'usage. Il faut donc examiner si la loi n'a pas excepté quelques catégories de citoyens, et en particulier les fonctionnaires et employés de l'État.

C'est à la Chambre des députés, dans la séance du 22 mars 1897 que fut formellement dénié aux fonctionnaires le droit de se syndiquer. M. Mirman interpellait le ministre de l'Instruction Publique, M. Rambaud, sur la dissolution de l'Association des maîtres répétiteurs par le Préfet de police. Dans sa réponse, le ministre prononça la phrase suivante: « Je crois que personne n'élève la « prétention que la loi de 1884 puisse être appliquée aux « fonctionnaires de l'Etat... l'État n'est pas un patron ; « le service de l'instruction publique n'est pas une exploi« tation : il ne donne pas lieu à des bénéfices. » Il n'y eut qu'une protestation, celle de M. Jaurès qui interrompit M. Rambaud en s'écriant : « Je vous demande pardon, M. le Ministre », tandis que l'auteur de l'interpellation intervenait en disant: « Il ne s'agit pas de cela, « aujourd'hui ! La question est tout autre. » Mais M. Jaurès se garda bien de développer les arguments qu'il pouvait avoir et sa protestation platonique n'eut aucun effet sur le vote de la Chambre dont l'ordre du jour sanctionna la théorie gouvernementale.

Il faut remarquer que pour défendre la même thèse, le gouvernement avait autrefois invoqué une autre raison. Le 17 novembre 1890, sur une question de M. Dumay, M. F. Roche, ministre du Commerce, avait refusé aux employés des Postes et Télégraphes le droit de se syndiquer « parce que ces employés servent un intérêt général ».

Laquelle de ces deux raisons est la meilleure et sont-elles également bonnes ? Il importe de se décider, car la question va se poser pour les employés des chemins de fer qui, eux aussi, servent « *un intérêt général* ».

Pour nous, ces arguments ont le défaut de manquer de précision et de viser chacun un cas particulier, au lieu de d'appuyer sur un principe. En effet, strictement, l'argument de M. Rambaud ne peut pas être opposé aux employés des Postes et Télégraphes puisque ce service donne lieu à des bénéfices et l'argument de M. Roche est trop vague car il est bien peu d'exploitations publiques ou privées qui ne servent directement ou indirectement l'intérêt général .

Où donc se trouve le critérium ? Est-il dans les articles 123 et 126 du code pénal ? L'article 123 s'exprime ainsi : « Tout concert de mesures contraires aux lois, « pratiqué soit par la réunion d'individus ou de corps « dépositaires de quelque partie de l'autorité publique, « soit par députation ou correspondance entre eux, sera « puni d'un emprisonnement de deux mois au moins et « de six mois au plus contre chaque coupable, qui pourra « de plus être condamné à l'interdiction des droits civi- « ques et de tout emploi public pendant dix ans au plus ».

« Art. 126. — Seront coupables de forfaiture, et punis de « la dégradation civique, les fonctionnaires publics qui « auront, par délibération, arrêté de donner des démis- « sions dont l'objet serait d'empêcher ou de suspendre « soit l'administration de la justice, soit l'accomplissement « d'un service quelconque ».

L'art. 126 n'est pas applicable aux syndicats : il parle des fonctionnaires qui arrêtent de donner leur démission ; or la constitution d'un syndicat n'implique pas nécessairement des mesures aussi extrêmes. Les faits visés par l'art. 123 se rapprochent davantage de notre hypothèse, mais il est facile de se convaincre que là non plus nous ne trouverons pas le critérium que nous cherchons. Cet article suppose un concert de *mesures contraires aux lois* ; or le syndicat n'est pas contraire aux lois puisqu'il est permis d'une manière générale ; l'art. 123 ne la punira donc que si nous trouvons un autre texte qui le défende aux fonctionnaires.

C'est l'article 13 de la loi du 30 novembre 1892 qui nous fournit l'argument décisif. Cette loi permet aux médecins de se syndiquer pour la défense de leurs intérêts professionnels, excepté lorsque ces intérêts existent ou s'exercent vis-à-vis de l'État, du Département ou de la Commune (1).

Il est facile de justifier cette disposition législative. L'article 2 de la loi du 21 mars 1884 accorde le droit de se syndiquer aux personnes exerçant une profession ou un métier. Or une fonction publique n'est pas une profession ni un métier, c'est tout au plus une carrière et nous verrons tout-à-l'heure ce qui distingue la fonction de la profession. L'Etat est chargé de par sa souveraineté et sa mission sociale de pourvoir à certains besoins auquels l'initiative privée est inadéquate : tels sont la justice, la police, la défense du territoire ; ce sont des services qui, loin de rapporter des bénéfices, constituent la principale charge du budget. Il pourvoit aussi à certains besoins d'ordre général où l'initiative privée s'est parfois essayée avec succès, mais qui sont avantageusement confiés aux mains de l'État parce qu'ils intéressent au premier chef la vitalité du pays et qu'ils sont ainsi soustraits aux aléas et aux à-coups des entreprises gérées par les particuliers dans un esprit industriel que stimule seul, quelquefois, l'appât du gain: tels sont l'instruction publique, les postes et les télégraphes. L'État y réalise peut-être des bénéfices, mais ces bénéfices ne sont qu'un *mobile accessoire et secondaire* tandis que le bien du pays est le but principal.

On conçoit, dès lors, que l'on exige du personnel de ces exploitations, lors même qu'elles donnent lieu

1. M. Jay, *Cours de législation industrielle*, 1896-1897.

à des bénéfices, autre chose que d'un ouvrier de manufacture. C'est le cas de répéter le mot de M. Rambaud : l'État n'est pas un patron. Il agit en vertu de sa mission sociale et les employés qu'il embauche doivent, en signant leur engagement, renoncer au droit de rompre le contrat à leur guise. Participant à l'accomplissement d'un service public, ils sont un peu comme des soldats et l'importance de leur mission exige, plus qu'ailleurs, l'obéissance et la discipline.

Le droit de syndicat serait donc peu compatible avec le fonctionnement régulier du service ; l'ordre ferait bientôt place à l'agitation ; l'armée des mécontents organiserait son état-major sous l'ombre protectrice de la loi et le gouvernement ne pourrait rien faire, jusqu'au jour de la révolte, pour dissiper et briser les éléments de rébellion.

Section II. — *Les employés des chemins de fer de l'Éta sont-ils des fonctionnaires ?*

Nous croyons avoir ainsi solidement établi ce principe que les fonctionnaires de l'État ne doivent pas jouir du droit de se syndiquer. Mais c'est ici qu'il importe de préciser encore et de déterminer à qui nous appliquerons la qualité de fonctionnaire de l'État. Suffit-il, pour être fonctionnaire, de faire partie d'une hiérarchie ou de servir une exploitation étroitement contrôlée et largement subventionnée par l'État ; et à la liste que nous avons donnée des services publics : armée, justice, instruction... faut-il ajouter les chemins de fer de l'État ?

Il faut distinguer à ce sujet deux périodes : la première va de la création du réseau de l'État par les deux décrets du 25 mai 1878 (1) à la modification introduite dans cette organisation par le décret du 10 décembre 1895. La seconde période est celle où nous sommes aujourd'hui.

La question fut discutée à la Chambre des députés le 22 mai 1894 (2) à l'occasion d'une interpellation sur le droit des employés de chemins de fer en général à bénéficier de la loi du 21 mars 1884 sur les syndicats professionnels.

M. Salis questionnait M. Jonnart, ministre des travaux publics, sur le refus opposé par les compagnies de chemins de fer à leurs employés, de les laisser assister au Congrès de l'Union syndicale des ouvriers et employés de chemins de fer, appelée communément Syndicat Guérard du nom de son secrétaire général. L'orateur faisait remarquer que, jusqu'alors, les syndicats de chemins de fer n'avaient jamais été entravés par le gouvernement, que quelques jours auparavant le président du conseil, M. Casimir-Périer, avait présidé le banquet de la Société Fraternelle des employés de chemins de fer et M. Jonnart celui de l'Union des mécaniciens et chauffeurs.

M. Salis demandait que le ministre intervînt auprès des compagnies pour les engager à accorder aux délégués des sections les congés et les permis nécessaires pour se rendre au congrès et qu'il agît de même pour les chemins de fer de l'État.

1. *Journal officiel* du 27.
2. *Journal officiel* du 23.

Le ministre répondit en faisant une distinction entre les employés des compagnies privées et les employés de l'Etat. « Les Compagnies de chemins de fer sont des in- « dustries privées et c'est très légitimement, dit-il, que « les employés et ouvriers de ces compagnies invoquent « le bénéfice de la loi de 1884, et nous avons le devoir « de leur en garantir le bénéfice. Mais le gouvernement « ne croit pas que cette loi puisse s'appliquer aux agents « de l'Etat ».

M. Millerand. — « C'est nouveau cela ! »

M. Jourde. — « Je demande à transformer la question « en interpellation ».

M. le ministre — « En ce qui concerne les employés des « chemins de fer de l'Etat, il y a une distinction à faire. « Nous reconnaissons parfaitement le droit de se syndi- « quer aux ouvriers et employés qui ne sont pas com- « missionnés, mais nous ne reconnaissons pas le même « droit aux employés commissionnés dont le traitement « est annuellement réglé par le budget, parce qu'alors il « ne s'agit pas de deux intérêts privés en présence : l'in- « térêt d'un patron et l'intérêt des ouvriers... Permettre « aux employés de l'Etat de se prévaloir des dispositions « de la loi de 1884, c'est leur permettre de se syndiquer « contre la représentation nationale elle-même ».

M. Salis répondit qu'il n'y avait aucune distinction à faire entre les employés des chemins de fer de l'Etat et ceux des grandes compagnies et qu'ils devaient être traités sur le même pied sous peine d'injustice flagrante.

Puis on passa à la discussion de l'interpellation. M. Jourde et M. Millerand firent remarquer que les employés et ouvriers des tabacs et des allumettes jouissaient sans conteste du droit de syndicat et que ces administrations étaient aussi étroitement liées aux intérêts de l'Etat que celle des chemins de fer.

Mais M. de la Porte apporta deux arguments plus précis. En premier lieu, l'administration des chemins de fer de l'État n'est pas regardée comme une administration publique au point de vue de sa responsabilité en matière de transport, puisqu'elle relève de la juridiction des tribunaux de commerce (et des tribunaux civils), à l'exclusion des tribunaux administratifs. Il n'y a pas acte administratif, comme ont essayé de le dire parfois des publicistes hostiles au réseau de l'État, dans le fait, par exemple, de la part d'un de ses agents, d'avoir occasionné une avarie ou un accident. En second lieu, les employés des chemins de fer de l'État ne sont pas considérés comme des fonctionnaires. S'ils étaient considérés comme tels, on permettrait à ce personnel de prétendre aux emplois pour lesquels une certaine durée de services publics est seule exigée et il serait soumis pour la retraite à la loi de 1853. Or, jamais le ministre des finances n'a admis que les services rendus par les employés de chemins de fer de l'État soient des services publics donnant droit à un certain nombre des emplois dépendant de son département et ils touchent leurs retraites dans des conditions spéciales analogues à celles des compagnies privées. Donc ces employés ne sont, à aucun point de vue, assimilés aux fonctionnaires.

En ce qui concerne les employés des chemins de fer de l'État, M. de la Porte commettait une erreur et si la

Chambre partagea cette erreur, c'est parce que le ministre ne sut pas invoquer les véritables raisons sur lesquelles se fondait alors la théorie administrative.

Le ministre fit remarquer que le traitement du personnel des chemins de fer de l'État est assuré par le budget, préparé par le gouvernement, contrôlé et voté par le Parlement et que l'on ne saurait tolérer qu'un syndicat discutât les intérêts, les traitements et les salaires des employés avec le ministre et la représentation nationale.

Nous ne saurions admettre cette argumentation. Il serait étrange que le fait d'être inscrite dans les colonnes du budget eût le pouvoir de soustraire une valeur quelconque aux fluctuations de l'offre et de la demande. Le budget détermine tous les ans les quantités de pain, de grains et de fourrage nécessaires à l'armée, et la Chambre n'a jamais émis la prétention de fixer à ces denrées un prix immuable. De quel droit fixerait-elle le prix du travail, puisque le travail est une marchandise, et de quel droit interdirait-elle à ceux qui offrent leurs bras de les louer le plus cher possible? L'État aurait le droit de réquisitionner le travail au prix qu'il lui plaît alors qu'il n'ose pas réquisitionner le blé et le fourrage !

Si cette objection avait été faite au ministre, il aurait sans doute répondu que les fonctionnaires n'ont jamais été admis à marchander le prix de leurs services, mais la seule question qui se pose dès lors est de savoir si les employés des chemins du fer de l'État sont des fonctionnaires. C'est le point auquel s'attacha M. de Ramel qui tomba dans la même erreur que M. de la Porte.

M. Fernand de Ramel. « Les agents, commis, ouvriers

« des exploitations industrielles de l'État ne sont pas des « fonctionnaires et ne sont pas même des agents dans le « sens administratif du mot, c'est-à-dire qu'ils n'appar- « tiennent pas à la catégorie d'employés de l'État qui se « rapprochent dans une mesure quelconque des fonc- « tionnaires. Ils ne détiennent pas la plus petite parcelle « de l'autorité publique. Et cela pour un motif qui va frap- « per la Chambre tout de suite : c'est qu'ils ne sont pas « nommés en vertu d'une délégation du principe d'auto- « rité. Le plus humble agent administratif en France, est « nommé en vertu d'un arrêté du maire, du préfet ou du « ministre, en vertu de l'autorité dont ces fonctionnaires « sont dépositaires et qui leur permet de créer un sous- « fonctionnaire ou un agent par délégation de la loi. Ceci « n'existe pas du tout dans les exploitations industrielles « ou commerciales de l'État, où il n'y a pas d'arrêté, pas « d'acte du pouvoir exécutif instituant l'ouvrier, le com- « mis, l'employé, et l'investissant par conséquent, par « une délégation, si lointaine qu'elle fût, du caractère que « M. le ministre des Travaux publics prétend leur attri- « buer. Par conséquent, quand il s'agit d'une exploitation « de l'État, qui s'est fait industriel en dirigeant des che- « mins de fer, en fabriquant des allumettes ou du tabac, « la situation du commis, de l'ouvrier, est semblable à « celle des ouvriers et commis des compagnies ou in- « dustries privées ».

La Chambre vota l'ordre du jour de Ramel, ainsi conçu :

« La Chambre, considérant que la loi de 1884 s'appli- « que aux ouvriers et employés des exploitations de

« l'Etat aussi bien qu'à ceux des industries privées, invite « le Gouvernement à la respecter et à en faciliter l'exé- « cution ». Le cabinet Casimir-Périer se retira.

En réalité, les orateurs, la Chambre et le ministre lui-même avaient perdu de vue le texte formel qui organise l'administration des chemins de fer de l'Etat, le décret du 25 mai 1878. L'article 11 de ce décret est ainsi conçu :

« Les divers agents actuellement employés sur les « lignes rachetées seront, sauf le cas de mauvais service « ou de suppression d'emploi, conservés dans la situation « qu'ils occupent ou dans une situation analogue, compa- « tible avec la présente organisation.

« Ces agents, ainsi que ceux qui pourraient être ulté- « rieurement attachés au service des lignes rachetées se- « ront, pendant la durée de leur service, considérés « comme *agents temporaires* de l'Etat.

« Les fonctionnaires et agents appartenant aux admi- « nistrations publiques qui seront employés sur le réseau « des chemins de fer de l'Etat seront considérés comme « étant en service détaché ».

Sous le régime de ce décret, les agents des chemins de fer de l'État étaient donc des fonctionnaires au même titre que les fonctionnaires des administrations publiques pourvus d'un poste ou d'un emploi sur le réseau. La jurisprudence a plusieurs fois fait application de ce principe en attribuant à la juridiction administrative la compétence des différends qui sont survenus entre l'administration des chemins de fer de l'État et ses employés. Il a été jugé également que la révocation d'un agent prononcée par le conseil d'administration en vertu des pouvoirs qui lui sont conférés par l'article 4 du décret, était un acte qui n'était pas de nature à être porté devant le Conseil d'Etat par la voie du contentieux.

Voyez : Arrêts au contentieux du Conseil d'État, 10 juillet 1885 et 25 juin 1889, affaire Chervet (Lamé-Fleury, *Bulletin des chemins de fer*, 1885, p. 201, 1889. p. 205) ; — Tours, 14 avril 1891 ; Cour d'Appel d'Orléans, 28 novembre 1891 ; Cour de Cassation, 18 novembre 1895, affaire Pierre (Lamé-Fleury, *Bulletin des chemins de fer*, 1895, p. 255) ; — Niort, 15 décembre 1891, affaire Joly, (*Gaz. Pal.* 1892, 1 supp. 25) ; — la Seine, 15 janvier 1895, affaire Coudreau, (*La Loi*, 16 février 1895).

Il était donc inexact de prétendre que les employés du réseau de l'État n'étaient pas nommés en vertu d'une délégation du principe d'autorité. Peu importait, par conséquent, que les agents fussent soumis à des règlements spéciaux pour la retraite. Peu importait également qu'ils n'eussent jamais été considérés comme ayant droit à un certain nombre des emplois pour lesquels une certaine durée de services publics est la seule condition exigée. Peu importait, enfin, que vis-à-vis du public, en matière de responsabilité délictuelle ou quasi-délictuelle ou de l'exécution du contrat de transport, l'administration des chemins de fer de l'État fût justiciable des tribunaux ordinaires.

Il pourra paraître excessif que tous les employés des chemins de fer de l'État eussent la qualité de fonctionnaires. Parmi eux se trouvent des ouvriers engagés à titre temporaire, tels que les auxiliaires et les journaliers accidentels, ou des agents qui ne sont pas commissionnés, ou qui n'ont pas droit à la retraite. Fallait-il appliquer à tous ces agents la règle que nous avons posée d'après les termes du décret de 1878 ? Lors de la discussion parlementaire, nous avons vu M. Jonnart, ministre des travaux publics, établir une distinction entre deux catégories d'agents. Il accordait le bénéfice de la loi du 21 mars 1884 aux employés non commissionnés, mais il le refusait à ceux qui sont commissionnés, parce que le traitement de ce dernier est déterminé par le budget. Nous avons dit pourquoi la raison budgétaire ne nous satisfait pas, en ce qui concerne le droit de syndicat professionnel, mais on peut donner encore une autre raison contre la classification du ministre.

Le critérium donné par le ministre n'était pas suffisant, parce que les agents qui sont commissionnés ne reçoivent leur commission qu'après un certain temps de stage, et il nous paraît illogique de leur reconnaître le droit de syndicat pendant la durée de leur stage pour le leur retirer lorsque leur stage est terminé.

C'est encore dans le décret du 25 mai 1878, que se trouvait la solution de la difficulté. L'article 4, auquel nous avons fait allusion, est ainsi conçu :

« Le conseil d'administration prévu à l'article 2, exercera « pour l'exploitation provisoire des lignes et sous les « réserves contenues au présent décret, des attributions « analogues à celles des conseils d'administration des « chemins de fer concédés. Il aura notamment le pouvoir

« 1° *De nommer, sur la proposition du directeur, tous les agents et employés* ».

N'étaient donc considérés comme agents et employés,

aux termes du décret, que *ceux qui sont nommés par le conseil d'administration*, d'où nous conclurons que ceux-là seuls étaient nommés en vertu d'une délégation du principe d'autorité et fonctionnaires. Il existe en outre plusieurs catégories d'agents qui sont nommés *par les chefs de service* ou même embauchés *par les chefs locaux* et qui, à notre avis, devaient être exclus de la qualification de fonctionnaires fournie par le rapprochement des articles 4 et 11 dudit décret.

La situation ne laissait pas d'être singulière : tous les agents des compagnies de chemins de fer jouissaient du droit de syndicat, à l'exception des seuls agents du réseau de l'État nommés par le conseil d'administration. Cette législation consacrait une inégalité choquante entre deux catégories de citoyens dont la condition et les besoins économiques sont les mêmes, mais il nous semble impossible, en examinant les textes alors en vigueur d'en tirer une autre conclusion. Le vote de la Chambre était un acte parlementaire, et non pas un acte législatif susceptible de supprimer les effets d'un texte ayant force de loi.

Inspiré sans doute par ces difficultés et par le désir du Parlement, le décret du 10 décembre 1895 vint modifier la situation. L'article 1 supprime le conseil d'administration et transfère ses pouvoirs au directeur. Mais cette translation n'est que nominale, car nous lisons, à l'article 4:

« Les ingénieurs, inspecteurs et sous-inspecteurs, les « chefs de section et chefs de dépôt et tous les employés « supérieurs, y compris les chefs de bureau des services « sédentaires de la direction et de l'exploitation, son

« nommés, promus aux différentes classes de leur grade « ou révoqués par le ministre, sur la proposition du « directeur.

« Le directeur statue sur la nomination, l'avancement « ou la révocation des autres agents, ainsi que sur toutes « les mutations de personnel sans distinction ».

L'intention du législateur, quoique non exprimée en termes formels, nous apparaît ici indiscutable. Il n'y a plus que deux classes d'agents : ceux qui sont nommés par le ministre et ceux qui sont nommés par le directeur. Comme il serait illogique, en présence des événements qui ont été la cause occasionnelle de la promulgation de ce décret, de donner la qualité de fonctionnaires à tous les employés nommés par le directeur et que rien ne nous autorise à créer une sous distinction parmi eux, nous ne donnerons cette qualité qu'aux employés supérieurs nommés directement par le ministre et nous reconnaîtrons aux autres le droit de former des syndicats professionnels.

Aussi, nous associons-nous pleinement à la proposition de la loi de M. Lhopiteau, « tendant à attribuer aux tri- « bunaux ordinaires l'appréciation des différends qui « peuvent s'élever entre l'administration des chemins de « fer de l'état et ses employés à l'occasion du contrat de « travail ». (Renvoyé à la commission du travail, n. 1471. Chambre des députés sixième législature, session de 1895, annexe au procès-verbal de la séance du 8 juin 1895). Cette loi complètera heureusement le nouvel état de choses établit par le décret du 10 décembre 1895, si la jurisprudence que nous avons citée plus haut ne se modifie pas d'elle-même.

Section III. — *Employés des Compagnies privées.*

Les employés des compagnies de chemins de fer jouissent incontestablement du bénéfice de la loi du 21 mars 1884, sur les syndicats professionnels, car ils ne sont pas fonctionnaires et ne sont pas nommés en vertu d'une délégation du principe d'autorité. Il faudrait une loi formelle pour leur enlever ce droit. Le 19 mars 1895, M. Marcel Barthe déposa au Sénat un amendement à la proposition de loi de M. Merlin et de plusieurs de ses collègues ayant pour objet d'interdire les coalitions dans les exploitations de l'État et les chemins de fer. Cet amendement était ainsi conçu :

Article 1er. — « Les ouvriers et employés des arse-
« naux de l'Etat.... et des compagnies de chemins de fer
« sont tenus, s'ils forment une association, d'observer les
« dispositions des articles 291, 292, 293 et 294 du Code
« pénal qui constituent le droit commun pour toutes les
« associations autres que les syndicats créés par la loi
« du 21 mars 1884.

Article 2. — « Les associations des ouvriers spécifiées
« à l'article 1er qui ne se conformeront point aux pres-
« criptions des articles 291-294 du Code pénal, seront
« dissoutes et les auteurs des infractions seront punis
« des peines portées par ces articles. »

Si cet amendement avait été voté, les syndicats d'ouvriers et d'employés de chemins de fer auraient été soumis à l'autorisation administrative et à la dissolution par décret. Nous pensons qu'une telle loi aurait été peu en harmonie avec le caractère général de notre législation.

Ajoutons que la proposition de MM. Barthe n'eut pas de suite. Son auteur la modifia profondément dans deux contre-projets rectifiés des 20 juin 1895 et 29 janvier 1896. Ces contre-projets ne visaient plus que « les ouvriers et employés des services publics travaillant dans « des établissements ou dans des chantiers placés sous la « direction d'ingénieurs ou d'agents de l'administration et « dont les salaires sont payés par l'Etat ».

Cette énumération exclut les employés des compagnies de chemins de fer, mais maintient l'interdiction en ce qui concerne ceux des chemins de fer de l'État. Cette distinction nous semble en contradiction absolue avec la législation établie par l'article 4 du décret du 10 décembre 1895.

Agents assermentés. — Il existe cependant, dans les compagnies de chemins de fer, une classe d'agents dont la situation toute spéciale mérite un examen particulier. Aux termes de l'article 23 de la loi du 15 juillet 1845 sur la police des chemins de fer, « les crimes, délits et con- « traventions prévus dans les titres I et III de la présente « loi pourront être constatés par des procès-verbaux dres- « sés concurremment par les officiers de police judiciaire, « les ingénieurs des ponts-et-chaussées et des mines, « les conducteurs, gardes-mines, agents de surveillance et « gardes nommés ou agréés par l'administration et dûment

« assermentés. Les procès-verbaux des délits et contra« ventions feront foi jusqu'à preuve contraire. Au moyen « d'un serment prêté devant le tribunal de première ins« tance de leur domicile, *les agents de surveillance* de « l'administration *et des concessionnaires ou fermiers* « pourront verbaliser sur toute la ligne du chemin de fer « auquel ils seront attachés ».

C'est en exécution de ce texte que les Compagnies confient à des agents assermentés, notamment aux chefs et sous-chefs de train principaux la mission de rechercher les contraventions, délits et crimes et de les constater par des procès-verbaux.

Ces agents sont-ils fonctionnaires et doit-on leur refuser le droit d'entrer dans les syndicats professionnels?

Ces agents sont incontestablement des officiers de police judiciaire et l'investiture qu'ils reçoivent du tribunal leur confère la qualité de fonctionnaires. Ce point ne nous paraît pas douteux, car nous en trouvons la confirmation dans l'article que nous venons de citer et dans l'article 64 du cahier des charges qui les assimile aux gardes-champêtres (1).

La jurisprudence est dans le même sens. Voyez Cassation, 9 janvier 1858 (*Gazette du Palais* 1858, p. 867).— Cassation Requêtes, 23 novembre 1874, (Laimé Fleury, *Bull. des ch. de f.*, 1874, p. 280). — Cassation civile, 27 avril 1880, (L. Fl. 1880, p. 138). — Cass. civ., 4 mai 1880, (L. Fl. 1887, p. 138). — Cass. civ., 7 mai 1887, (L. Fl.

1. Lamé Fleury. *Code annoté des chemins de fer*, p. 157.

1887, p. 139). — Cass. 24 juin 1890. (L. Fl. 1890, p. 188).

On pourrait croire que, par application des principes que nous avons posés nous leur refusons le droit de syndicat professionnel, mais il faut regarder les choses de plus près. Le principe qui prohibe le syndicat aux fonctionnaires n'a en effet qu'une portée relative et non absolue. Il leur est interdit de former un syndicat pour défendre leurs intérêts économiques vis-à-vis de l'État qui leur délègue son autorité, mais il ne leur est pas interdit d'entrer dans les syndicats qui on pour but la défense de leurs intérêts vis-à-vis des tiers, s'ils justifient de cet intérêt. Qu'un fonctionnaire, magistrat ou facteur des postes par exemple, possède des immeubles ruraux ou exerce un petit commerce de vins, personne ne songera à lui interdire l'entrée des syndicats d'agriculteurs ou de limonadiers. Pourquoi refuserait-on aux fonctionnaires qui sont en même temps agents de chemins de fer d'entrer dans les syndicats d'employés de chemin de fer?

On nous objectera sans doute que ces agents n'exercent pas deux professions distinctes, mais une seule, et que la qualité d'employé d'un patron quelconque disparaît ou passe au second plan derrière la qualité de fonctionnaire public.

Tel n'est pas notre avis. Volontiers nous admettons que les agents assermentés n'exercent qu'une seule profession, mais on ne peut nier que leur situation ne présente deux aspects complètement distincts. Vis-à-vis de l'Etat ils sont des fonctionnaires et vis-à-vis des Compagnies ils sont des ouvriers n'ayant à débattre que les intérêts économiques et, si l'on considère qu'ils sont payés par les Compagnies et non par l'Etat, il faut conclure que bien loin que leur qualité d'employé disparaisse derrière celle de fonctionnaire, c'est au contraire leur qualité de fonctionnaire qui est secondaire par rapport à leur qualité d'employé (1).

Nous leur interdirons donc de former entre eux des syndicats composés exclusivement d'agents assermentés, mais nous leur reconnaissons le droit d'entrer dans les syndicats professionnels d'employés de chemins de fer.

Leur situation est donc bien différente de celle des employés du réseau de l'Etat nommés par le Ministre, qui, eux, ne sont en présence que de l'autorité de l'Etat.

1. A l'appui de cette thèse, voyez un arrêt de la Cour de Nancy du 13 août 1853 qui déclare que ces agents ne sont justiciables de la Cour d'appel que pour les crimes et délits commis dans *l'exercice de leurs fonctions d'officier de police judiciaire* (Lamé Fleury. *Code annoté des chemins de fer*, page 399, en note). Contra V. un arrêt de la Cour de Rennes du 25 août 1864. Palaa *Dictionnaire des ch. de f.*, v° Agents des Compagnies.

CHAPITRE III

STATISTIQUE DES SYNDICATS D'EMPLOYÉS DE CHEMINS DE FER.

On évalue de 250 à 300.000 le nombre des employés des chemins de fer français. Si tous ne formaient qu'une seule association, une armée aussi nombreuse disposerait d'une force considérable pour le bien et pour le mal. Mais il n'en est rien et les syndicats actuellement existants ne réunissent qu'une part proportionnelle assez faible du personnel total des chemins de fer.

Voici les renseignements que nous fournit à ce sujet l'*Annuaire des Syndicats professionnels*.

1° Association amicale des employés de chemins de fer et des industries similaires, fondée en 1884 : 8.281 membres. Siège à Paris, 2, rue du Harlay (1).

Caisse de secours mutuels. Bulletin mensuel « *La Locomotive* ». Service de contentieux.

Cette association compte 50 sections.

2° Fédération générale française professionnelle des mécaniciens et chauffeurs des Chemins de fer et de l'Indus-

1. Ce syndicat est appelé communément Syndicat Petit, du nom de son premier secrétaire général.

trie, fondée en 1885. 3.800 membres. Siège à Paris, 1, rue de Javel (1).

Cours professionnels. Publication de l' « *Alliance des chauffeurs, conducteurs-mécaniciens* ».

3° Syndicat national des Travailleurs des chemins de fer de France et des colonies, fondé en 1890 : 80.050 membres. Siège à Paris, 9, cité Riverin (2).

Publication du journal hebdomadaire « *la Tribune de la Voie Ferrée* ». — Service de contentieux.

4°. — Union syndicale des Ouvriers et Employés des chemins de fer français, fondée en 1892. — 3251 membres. — Siège à Paris, à la Bourse de Travail (3).

Caisse de crédit mutuel. — Publication de « l'*Eclaireur de la voie* », journal bi-mensuel.

5°. — Section syndicale « Nord-Paris » de la Fédération des chemins de fer français, fondée en 1897. — 48 membres. — Siège à Paris, 7 passage Kracher.

6°. — Syndicat des Employés et Ouvriers des chemins de fer français (section de Mohon-Charleville-Mézières), fondé en 1890. — 300 membres. — Siège à Mohon (Ardennes).

Orphelinat pour les enfants des membres décédés.

7°. — Chambre syndicale des Ouvriers et Employés des chemins de fer français (Fédération générale des Travailleurs des chemins de fer de France et des Colonies). — Sous-section de Narbonne. — Fondée en 1890. — 120

1. Ce syndicat est présidé par M. Guimbert.

2. Ce syndicat est plus connu sous le nom de syndicat Guérard. Il a été fondé par M. Prades.

3. Ce syndicat est présidé par M. Lanoir.

membres. — Siège à Narbonne, Bar Marseillais, place Voltaire.

8°. — Chambre syndicale des Ouvriers et Employés des chemins de fer français (section d'Alger), fondée en 1890. — 580 membres. — Siège à Alger, Bourse du Travail.

Il existe également dans les départements un certain nombre de sections autonomes des syndicats dont le siège est à Paris ; mais leurs membres sont compris dans les chiffres donnés au sujet de ces syndicats.

Il est difficile de savoir si les chiffres officiels sont exacts ; ils sont certainement majorés en ce qui concerne le syndicat Guérard. En 1896, M. Demôle estimait à 30.000 le nombre réel des membres de ce syndicat ; en tous cas, le chiffre des cotisations encaissées ne représente pas plus de 16.000 adhérents.

On tolère dans les syndicats des personnes qui n'appartiennent pas à la profession ; plusieurs sont même dirigés par d'anciens agents. Cependant l'article IV des statuts de l'*Union syndicale* décide que « nul ne sera « admis ou maintenu » dans cette société s'il n'occupe un emploi dans l'une des grandes Compagnies (1).

Les employés de chemins de fer ont constitué aussi de puissantes sociétés de secours mutuels et d'assistance, comme l'*Association fraternelle des Employés et Ouvriers de chemins de fer*, fondée en 1881, qui compte 92.000 adhérents et dont l'actif s'élève à 26 millions. Mais ces sociétés n'ont rien de commun avec les syndicats professionnels et sont en dehors de notre étude.

1. L'*Eclaireur de la Voie*, 25 juin 1892.

TROISIÈME PARTIE

Les Grèves de chemins de fer en France (*Suite*).
L'histoire. Le Problème économique.

CHAPITRE I

LÉGISLATION SUR LES COALITIONS EN GÉNÉRAL

SECTION I. — *Période de prohibition.*

Nous avons vu comment la loi du 17 juin 1791, prohibait toute association, permanente ou passagère entre gens du même métier. Les grèves ou coalitions étaient donc interdites. Le décret du 24 septembre 1793 défend spécialement les amendes que s'imposaient les ouvriers de certains métiers en cas de violation des conventions corporatives (1).

La loi du 22 germinal an XI punit d'emprisonnement les coalitions de la part des ouvriers pour cesser le travail ou interdire le travail, lorsqu'il y a eu tentative ou commencement d'exécution ; condition que n'exigeait pas la loi Lechapelier, plus sévère.

1. Galisset. *Corps du droit français*, tome I. 2me partie, p. 1076, (Paris 1829).

Cette loi et les suivantes s'occupaient aussi des coalitions patronales et les punissaient moins sévèrement.

L'art. 415 du Code Pénal reproduisit à peu près textuellement la loi de l'an XI, en exigeant la tentative ou le commencement d'exécution. L'article 416 punissait spécialement les amendes, interdicti ns, défenses et prescriptions connues sous le nom de *damnations*, ce qui correspond aux mises à l'index qui sont pratiquées aujourd'hui.

La loi du 27 novembre 1849, modifia un peu la distribution des articles 414 et suivants, mais n'en maintint pas moins le principe de l'interdiction de la grève et conserva les mêmes incriminations en ce qui concerne les ouvriers.

Cependant le vote n'alla pas sans une discussion où fut défendue la légitimité de la grève. Bastiat faisait le raisonnement suivant : un ouvrier, individuellement, a le droit incontestable de cesser le travail, donc tous les ouvriers ont le droit d'en faire autant, puisque chacun en agissant de la sorte, ne fait qu'exercer son droit légitime ; comment un fait qui est légitime lorsqu'il est commis par un seul, deviendrait-il illégitime lorsqu'il est multiplié par un chiffre quelconque ?

Le raisonnement de Bastiat était juste, mais il manquait son but, défaut que l'on relève trop souvent dans les discours et les écrits de ce brillant penseur. En effet, ce qui était interdit par les lois — en théorie, bien entendu — ce n'était pas la cessation *simultanée* du travail, mais la cessation *concertée*. La grève suppose une entente entre les grévistes et c'est cette *entente* et non pas le *nombre* des chômeurs qui constitue le délit. Aussi les ouvriers n'étaient-ils passibles d'aucune poursuite s'ils se bornaient à quitter les ateliers sans avoir tenté aucune démarche collective, alors même que leur but évident était d'obtenir une élévation de salaires. Bastiat, avec toute sa fougue et tout son talent, avait enfoncé une porte ouverte.

M. de Vatimesnil soutint l'opinion contraire avec des arguments empruntés à l'économie politique et au droit pénal. L'art. 419 du code pénal punit les coalitions entre les détenteurs de marchandises qui tendent à en élever ou en abaisser artificiellement le prix. Le travail est une marchandise détenue par les ouvriers ; s'ils se concertent pour en faire hausser la valeur et faire violence à la loi de l'offre et de la demande, leur cas est semblable au au cas visé par l'art. 419. Or, l'art. 419 n'a soulevé encore aucune protestation ; personne n'en a demandé l'abrogation et tout le monde en sent la nécessité ; sur quel principe s'appuiera-t-on pour permettre aux détenteurs du travail ce qu'on défend aux détenteurs des autres denrées, du blé et de l'or? En un mot, quelles critiques peut-on adresser aux articles 414, 415 et 416 qui ne condamnent pas l'article 419?

Personne ne répondit ce jour-là à l'argument de M. de Vatimesnil dont le nom est resté attaché à la loi du 27 novembre 1849.

La loi fut donc appliquée, et assez rigoureusement, aux patrons et aux ouvriers. Mais, par un remarquable phénomène du principe d'évolution qui préside aux destinées du droit pénal, la loi perdit peu à peu son pouvoir et, au bout de quinze ans, elle n'existait plus que de nom. Le sentiment public devint hostile à cette loi qui, peu gênante pour les patrons, était surtout dure et impitoyable aux ouvriers. Les tribunaux ne l'appliquaient plus qu'à contre-cœur, les industriels qui souffraient d'une grève étaient les premiers à supplier l'autorité de ne pas poursuivre les ouvriers, (1) et lorsqu'une condamnation était prononcée, l'empereur usait de son droit de grâce pour en anéantir l'effet.

Section II. — *La loi du 25 mai 1864.*

Entre 1853 et 1862, on avait poursuivi 749 coalitions ouvrières, comprenant 4.522 personnes et 89 coalitions patronales, comprenant 629 patrons (2).

A l'ouverture de la session de 1864, Napoléon III annonça le dépôt d'un projet de loi sur les coalitions. Présenté le 19 février 1864, ce projet fut modifié par la commission du Corps législatif et M. Emile Ollivier déposa son rapport le 22 avril au nom de la commission (3).

Le rapport rappelait la maxime d'Adam Smith : « Le « patrimoine du pauvre est dans sa force et dans l'adresse « de ses mains et l'empêcher d'employer cette force et « cette adresse de la manière la plus convenable, tant « qu'il ne porte dommage à personne, est une violation « manifeste de cette propriété primitive. »

1. Discours de M. Cornudet au Corps législatif, le 29 avril 1864. *Moniteur* du 30.

2. Levasseur. *Histoire des classes ouvrières en France depuis 1789.* Tome II.

3. *Moniteur des* 13-29 mai 1864.

Il n'est pas nécessaire de creuser beaucoup la surface brillante de ce raisonnement pour y trouver une réplique à l'argument naguère triomphant de M. de Vatimesnil. L'assimilation que faisait l'orateur de 1849 entre le travail et les marchandises est en effet un rapprochement purement artificiel. Il n'est pas possible de dire, sans offenser la fraternité humaine et les principes élémentaires de la justice, que le travail est le propre d'une classe d'hommes, qu'il est la fonction sociale d'une caste, et que cette caste est condamnée à produire le travail, comme le pommier à produire des pommes. Eh quoi, jamais de repos, jamais de trêve ! A chacun sa fonction dont il ne doit pas s'affranchir ! Aux marchands les denrées, aux ouvriers le travail et aux riches le loisir ! C'est là qu'il faut en arriver si l'on aime la symétrie et si l'on craint, comme M. de Vatimesnil, de commettre une *inelegantia juris*

Mais admettons même que le travail soit la fonction d'une classe et que cette classe n'en ait pas d'autre, que faut-il en conclure? Il faut en conclure qu'il serait souverainement injuste de lui ravir, sans des raisons exceptionnelles, le seul bien qu'elle possède, et que ce serait consacrer la spoliation d'une classe au profit d'une autre, en violation permanente de la règle divine : *Le bien d'autrui tu ne prendras.*

Mais revenons au rapport de M. Ollivier; nous y trouverons l'historique de la liberté du travail et un plaidoyer en faveur de la légitimité des coalitions. Seul vis-à-vis du patron, l'ouvrier est trop faible pour engager la lutte; sa réclamation isolée n'aura aucune portée et l'unique ressource qui lui reste est de chercher un autre maître. Pour lutter à armes égales contre le patron qui dispose de capitaux et n'est pas pressé par la nécessité, on doit permettre aux ouvriers l'action collective. Quant à l'assimilation que fait M. de Vatimesnil entre les détenteurs du travail et les détenteurs des denrées, le rapporteur la trouve inexacte. Les ouvriers n'ont pas le monopole du travail, et leur action ne deviendra répréhensible que s'ils l'aggravent de fraudes, de menaces ou de manœuvres frauduleuses. Il faut que l'ouvrier puisse se défendre contre les prétentions avides et les entraînements égoïstes, et « par quel moyen « obligera-t-il les entrepreneurs à restreindre les profits « à des limites raisonnables, s'il ne peut se concerter avec « ceux qui ont un intérêt semblable au sien? »

Puis il trace le tableau des privations et des souffrances que doivent endurer les ouvriers qui se mettent en grève, comme les fileurs de Colne et de Preston, et il en conclut que les rudes épreuves réservées à ceux qui entrent en grève sont un motif en faveur de la liberté des coalitions. Comment admettre, en effet, que tant d'hommes assument volontairement de longues semaines de faim et de misère si parfois la cause pour laquelle ils souffrent n'était pas celle du bon droit?

Le rapporteur conclut qu'il faut permettre les grèves, mais qu'il faut aussi réprimer énergiquement les fraudes, les menaces et les violences qui en sont trop souvent le cortège. Nous ne pouvons pas quitter ce magnifique document sans rendre hommage à l'esprit libéral et à la hauteur de vues qu'y a déployés son auteur.

La discussion de la loi au Corps Législatif commença le

27 avril. M. Seydoux combattit le projet de loi dans un long discours où il faisait surtout valoir des considérations étrangères au droit et il laissa échapper ces paroles prophétiques: « Le principe de la coalition une fois admis, il « sera impossible d'en empêcher ni l'application, ni l'abus, « et il se trouvera bientôt des professeurs de grève com« me nous avons eu des professeurs de barricades ». Tout en reconnaissant ce que les craintes de M. Seydoux avaient de fondé, nous nous refusons à y voir un motif suffisant pour interdire les grèves. Ainsi que nous l'avons déjà dit au sujet des syndicats, il ne faut pas que la crainte des abus possibles fasse prohiber une chose bonne en soi ou même simplement inoffensive. L'excès de précaution, loin de contenir les forces qui travaillent, n'a souvent d'autre résultat que de les exaspérer.

M. Seydoux fut plus original lorsqu'il proposa la distinction suivante : permettre la coalition aux ouvriers inoccupés, mais interdire à ceux qui sont « en activité » de quitter leurs ateliers pour obtenir des patrons de meilleurs salaires. A notre avis cette demi-mesure aurait été l'équivalent de l'interdiction absolue. Les ouvriers sans travail sont généralement isolés, ils ne se sentent pas les coudes. De plus, du moment qu'ils ne travaillent pas et que personne ne les emploie, qu'importe aux patrons que ces ouvriers continuent leur chômage? Il ne leur en chaut. En somme, M. Seydoux proposait de permettre la grève à ceux qui ne peuvent pas s'en servir ; c'était faire du libéralisme à peu de frais.

Quelques députés, M. Kolb-Bernard, entre autres, exprimèrent leurs scrupules sur l'opportunité de donner la liberté aux coalitions. M. Pinart proposait une mesure mixte. Comptant sur l'action calmante du temps et de la réflexion lorsque les esprits sont portés aux mesures extrêmes, et désirant donner au contrat de travail une garantie contre les brusques ruptures, il émit le vœu que la grève fut déclarée quinze jours d'avance (à moins d'un délai conventionnel stipulé entre les parties) et que la suspension du travail fût punie si elle intervenait avant l'expiration du terme. Ce système était alors fort en faveur en Belgique où la Chambre des députés l'avait adopté. M. Cornudet, commissaire du gouvernement et M. Chevandier de Valdrôme, membre de la commission, firent remarquer qu'une telle disposition était inutile, étant donnée la législation existante sur les *livrets* ouvriers.

En effet, en vertu de la loi du 22 juin 1854 (1), aucun patron ne pouvait sous peine d'un emprisonnement de cinq jours, engager un ouvrier dont le livret ne fût pas en règle, c'est-à-dire attestant que cet ouvrier avait rempli son précédent engagement auprès de son patron. Le livret ouvrier n'existant pas en Belgique, l'obligation du délai avait ainsi sa raison d'être, mais ne présentait aucun intérêt pour la France.

Depuis la suppression du livret ouvrier par la loi du 3 juillet 1890, la situation de la France est devenue semblable à celle de la Belgique. Mais l'obligation d'un délai légal nous semble superflue. Une grève n'éclate pas sou-

1. Articles 1, 3 et 11. *Journal du Palais*. Lois, Décrets, 1854, page 222 et 1864, page 51, note 2.

dainement comme un coup de tonnerre et les négociations qui précèdent l'explosion finale durent généralement plus longtemps que les délais que la loi pourrait raisonnablement imposer.

Mais les plus vives attaques que le projet eut à soutenir vinrent du côté gauche de l'assemblée. J. Simon, J. Favre et Garnier-Pagès déclarèrent que le projet n'était libéral qu'en apparence et qu'il maintenait, en les aggravant parfois, toutes les pénalités de la loi de 1849. Les entraves à la liberté du travail leur semblaient suffisamment réprimées par le droit commun et les expressions *manœuvres frauduleuses* et *plan concerté* leur paraissaient ouvrir la porte à l'arbitraire en détruisant la portée des mesures libérales des premiers articles. Ils demandaient notamment la suppression du nouvel article 416 et la liberté de réunion. M. Emile Ollivier prit plusieurs fois la parole et réussit à faire triompher le projet de la commission. Le Code pénal était donc ainsi modifié par la loi du 25 mai 1864 :

Article 414 : « Sera puni d'un emprisonnement de six « mois à trois ans, et d'une amende de 15 francs à trois « mille francs, ou de l'une de ces deux peines seulement, « quiconque, à l'aide de violences, voies de fait, menaces « ou manœuvres frauduleuses, aura amené ou maintenu, « tenté d'amener ou de maintenir une cessation concer- « tée de travail, dans le but de forcer la hausse ou la « baisse des salaires ou de porter atteinte au libre exer- « cice de l'industrie ou du travail ».

Article 415: « Lorsque les faits punis par l'article pré- « cédent auront été commis par suite d'un plan concerté,

« les coupables pourront être mis, par l'arrêt ou le juge-
« ment, sous la surveillance de la haute police pendant
« deux ans au moins et cinq ans au plus ».

Ces deux articles sont encore en vigueur aujourd'hui.

Article 416 : « Seront punis d'un emprisonnement de
« six jours à trois mois, et d'une amende de seize francs
« à trois cents francs, ou de l'une de ces deux peines
« seulement, tous ouvriers, patrons et entrepreneurs
« d'ouvrage qui, à l'aide d'amendes, défenses, proscrip-
« tions, interdictions prononcées par suite d'un plan con-
« certé, auront porté atteinte au libre exercice de l'in-
« dustrie ou du travail ».

Telle fut la loi du 25 mai 1864. Elle consacrait, par rapport au régime précédent, une liberté très réelle et elle fut très bien accueillie. Mais le droit à la grève subissait encore quelques entraves, outre celles qui résultaient des trois articles du Code pénal. La législation sur les réunions s'opposait à ce que les ouvriers s'assemblassent pour discuter leurs intérêts et prendre une décision. Les lois du 6 juin 1868 et du 30 juin 1881, en soumettant les réunions publiques à une simple déclaration préalable, supprimèrent cet obstacle.

Mais le principe de l'évolution n'avait pas encore produit ses entiers effets. La loi du 21 mars 1884 en est actuellement le dernier période. Nous avons vu que cette loi organisa la liberté d'association professionnelle. Dans son premier article, elle abrogea l'article 416 du Code pénal.

Ce sont donc les articles 414 et 415 dont nous avons

donné plus haut le texte qui constituent aujourd'hui la législation sur les grèves et les coalitions.

Quelques restrictions nécessaires sont cependant apportées à ce système par la loi du 14 mars 1872 qui prohibe l'association internationale des travailleurs et toute association qui, sous quelque nom que ce soit, aurait pour but de provoquer à la suspension internationale du travail.

CHAPITRE II

LES GRÈVES DANS LES CHEMINS DE FER FRANÇAIS.

On n'a jamais eu en France de grèves d'employés de chemins de fer assez sérieuses pour désorganiser les transports. Quoique les employés de chemins de fer aient joui du droit de coalition depuis la loi de 1864, on n'a vu sous l'Empire aucune tentative de ce genre. On ne songea même pas à se prémunir contre cette éventualité, car la discipline qui régnait dans les administrations de l'Etat et dans les services d'intérêt public paraissait trop forte pour qu'un tel mouvement pût s'organiser. Il en fut de même sous les premières années de la République; mais depuis la loi de 1884 organisant la liberté d'association professionnelle — et nous n'en tirons aucune déduction — il y a eu plusieurs tentatives de grève assez graves pour inquiéter le gouvernement et l'opinion publique.

SECTION I. — *La Grève de* 1891.

Une grève éclata le 8 juillet 1891 dans les ateliers de la compagnie d'Orléans à la suite de la révocation de deux ouvriers. Le nombre maximum des grévistes fut 760, tous employés à Paris et aux environs, dont 450 ouvriers des ateliers et 250 camionneurs. Ils demandaient, outre la réintégration des ouvriers renvoyés, la suppression du travail aux pièces, des augmentations, etc. Chaque jour, une ou plusieurs réunions publiques étaient organisées par M. Prades, secrétaire général de la chambre syndicale. Une commission fut nommée pour entrer en rapports avec le conseil municipal et, le 9 juillet, le Directeur de la compagnie consentit à recevoir dans son cabinet les délégués des grévistes et les membres du conseil municipal qui voudraient les accompagner. Les grévistes exigèrent alors que l'entrevue eût lieu à l'Hôtel-de-Ville, « terrain neutre » où ils se sentiraient plus forts pour discuter leurs revendications. Une délégation se rendit cependant chez le Directeur. Celui-ci promit d'exécuter quelques-unes des réformes qui étaient réclamées et informa les ouvriers qui avaient cessé le travail que, passé le lundi 13 juillet, la compagnie se trouverait dans la nécessité de pourvoir au remplacement définitif de ceux d'entre eux qui lui feraient défaut.

Un certain nombre d'ouvriers et de camionneurs reprirent leur service et on pouvait croire que le conflit était terminé lorsque la grève s'étendit tout à coup aux autres réseaux. Le 14 juillet, M. Prades déclara qu'il fallait proclamer la grève générale et, le lendemain de la fête nationale, un certain nombre d'ouvriers, d'hommes d'équipe et d'aiguilleurs manquèrent à l'appel à l'Est, à l'Ouest et au P. L. M. Le 16, il manquait à l'Ouest 313 ouvriers des ateliers ; à l'Est 150 hommes d'équipe et aiguilleurs des gares de Pantin et de la Villette, qui furent immédiatement remplacés; au P. L. M. 1.000 ouvriers des ateliers et 149 hommes d'équipe; au Nord 200 ouvriers et 100 employés des gares. La compagnie P. L. M. fit alors afficher un avis informant les ouvriers que ceux qui n'auraient pas repris le travail le 17, à midi, seraient considérés comme démissionnaires (1).

Le 17, le gouvernement fit occuper militairement les gares et garder les lignes de la banlieue. Le 19, le syndicat envoya une députation à la Chambre pour obtenir l'intervention du gouvernement. M. J. Roche répondit qu'il avait fait faire une enquête sur la condition des employés et ouvriers de chemin de fer et qu'il ne croyait pas devoir intervenir auprès des compagnies.

Cependant les grévistes, repoussés par les pouvoirs publics, étaient désapprouvés même par ceux dont ils attendaient au moins une neutralité bienveillante. Le syndicat des employés de chemins de fer de Toulouse, comptant 2.400 adhérents, celui de Périgueux et les ouvriers d'Oullins blamèrent formellement la grève de leurs camarades de Paris. Les défections se faisaient de plus en plus nombreuses dans les rangs des grévistes, les compagnies recevaient tous les jours des demandes de réintégration et, le 21 juillet, les promoteurs de la grève, reconnaissant leur défaite, abandonnèrent la partie. Ils n'avaient pourtant négligé aucun moyen pour enflammer les courages et s'assurer la victoire. Quoique toutes les sollicitations eussent été impuissantes pour décider les méca-

1. *La Liberté*, 18 juillet 1891.

niciens et les chauffeurs à abandonner leurs machines, M. Prades annonça au meeting du Tivoli, le 18 juillet, que les mécaniciens et les chauffeurs avaient cessé le travail. Le même jour, à la réunion de la salle de la Sentinelle, rue Clairaut, il proposa de prendre les gares d'assaut (1) et de noyer les feux des locomotives.

Près de la rotonde aux machines de la gare du Nord, fut apposée l'affiche manuscrite suivante :

« Avis aux mécaniciens et chauffeurs.

« Les chauffeurs et les mécaniciens sont prévenus qu'il « y aura pour eux danger de monter cette nuit sur les « machines ».

Signé : « La commission exécutive de la grève ».

Les instructions des meneurs ne furent que trop bien suivies. Les camions de le Compagnie P. L. M. qui se rendent aux Halles pendant la nuit furent arrêtés par les grévistes qui coupaient les attelages ; on dut les faire escorter par des gardes municipaux. Un train d'ouvriers fut arrêté entre Saint-Ouen et Pantin par les grévistes qui s'étaient emparés d'un passage à niveau. Enfin l'on constata des tentatives criminelles plus graves encore. A l'embranchement de Saint-Cyr et à Nonant-le-Pin, les fils de transmission des signaux furent coupés et les leviers de rappel paralysés.

1. Voici la phrase prononcée par M. Prades : « Il faut des actes et non des paroles ; d'un geste et d'un souffle on peut renverser les compagnies et, s'il le faut, on montera à l'assaut de la gare Saint-Lazare ». (Le *Temps*, 19 juillet 1891).

SECTION II. — *Les chemins de fer et la grève générale ; la tentative d'octobre* 1898.

Après l'insuccès de la grève de 1891 une évolution se produisit dans la tactique des partisans des grèves de chemins de fer et ils donnèrent à leurs efforts une autre direction. Considérant sans doute le peu d'entrain avec lequel la majorité des employés avait répondu à leurs excitations, ils conclurent qu'il faudrait, pour secouer leur inertie, des conditions exceptionnelles d'effervescence et que le meilleur moyen de favoriser l'éclosion du mouvement était de le faire coïncider avec un mouvement parallèle des autres professions. La suspension du travail dans les chantiers, les ateliers et les mines serait ainsi une occasion merveilleuse pour la grève des chemins de fer et l'arrêt complet des transports serait un appoint décisif aussi bien qu'indispensable à la grève générale (1).

Cette doctrine fut énoncée dès le 24 juillet 1891 dans un article intitulé : « La Grève est morte, vive la grève », publié par l'*Egalité* sous la signature de Jules Roques. Nous en détachons quelques phrases :

« La grève est finie ? Vous voulez rire ! la *grève*, cette « grève qui sera le premier acte de la révolution..., *la* « *grève n'est pas commencée.*

« Tous les mouvements auxquels vous venez d'assister « ne sont que la répétition générale du drame... La grève

1. Voyez notamment sur la grève générale un article de M. Félix Roussel (*Revue politique et parlementaire*, 10 novembre 1898) et un article de M. de Seilhac (*Revue Bleue*, 22 octobre 1898).

« générale, c'est l'insurrection sous une forme nouvelle.
« Autrefois, le peuple descendait dans la rue, se faisait « glorieusement mitrailler et reprenait ensuite le carcan « de misère serré d'un cran. Aujourd'hui, il trouve plus « simple, plus expéditif de refuser tout simplement son « concours à la production... Nous croyons que l'émeute « devient de plus en plus inutile. Il n'y aura lieu de l'employer qu'au dernier moment, comme suprême coup « de matraque ».

Au congrès de Tours en 1896, M. Guérard déclara que la grève générale serait l'œuvre de son syndicat et, à partir de ce moment, les opérations furent conduites en conséquence (1).

Le neuvième congrès du Syndicat National des chemins de fer, qui se tint à Paris au mois d'avril 1898 vota un programme de réformes à obtenir des Compagnies, ou plutôt, donna une nouvelle approbation au programme voté par le quatrième congrès en 1893. Au cours de la séance du 30 avril, des délégations furent envoyées au siège des grandes Compagnies avec la mission d'entrer en rapport avec elles pour l'examen des questions corporatives. Seul, M. Noblemaire, directeur de la Compagnie P.-L.-M. reçut les congresistes. Après avoir écouté leurs doléances, il leur répondit : « Quoique vous ne soyez pas cons« titués légalement, je suis le premier à reconnaître l'utilité

1. Nous empruntons la plupart des détails qui suivent au *Compte-rendu du Conseil d'Administration du Syndicat sur le neuvième Congrès* (9, Cité Riverin) et au *Rapport sur la tentative de grève d'octobre 1898* (*La Tribune de la Voie Ferrée*, 2, 9, 16 et 23 janvier 1899).

« des Syndicats. Vous pouvez assurer à vos camarades que, « toujours dans les questions les intéressant, je suis prêt « à recevoir leurs doléances par l'entremise soit de votre « conseil d'administration, soit de vos délégués... Si j'admets « l'existence du Syndicat national des travailleurs des che- « mins de fer, si je reconnais son utilité, je reconnais aussi « que ses membres doivent être dans le service des modèles « de bon exemple et ne doivent pas se servir de ce titre « de syndiqué pour semer la révolte ». Et le *Journal des Débats* (1) auquel nous empruntons le récit de cette entrevue, ajoute : « ces paroles rapportées au congrès par les « délégués, ont soulevé d'unanimes applaudissements ».

Le même jour, les délégués des groupes décidèrent la grève générale par 54 voix contre 13 et 28 abstentions (2). Le conseil d'administration reçut le mandat de présenter le programme des revendications aux compagnies et, en cas d'insuccès, de préparer et de déclarer la grève des chemins de fer.

Le 28 mai, le conseil fit afficher sur les murs de Paris une *proclamation aux travailleurs des chemins de fer*. On y lisait : « Les travailleurs des chemins de fer n'at- « tendent plus rien de leurs directeurs... l'action légis- « lative ne donne pas davantage ; tous les employés sont « las d'attendre. Le conseil d'administration a reçu le « mandat d'exiger des compagnies une réponse nette et « catégorique... Si la grève se produit, les compagnies

1. Numéro du 2 mai 1898. Cette entrevue est rapportée en termes un peu différents dans le *Compte-rendu* du Congrès (page 37).

2. Le *Journal des Débats* (2 mai 1898), donne d'autres chiffres, 52 pour la grève, 12 contre et 29 abstentions.

« seules en supporteront la responsabilité et les consé-
« quences ».

En même temps, le syndicat adressa à toutes les organisations syndicales une circulaire en les priant de répondre aux deux questions suivantes :

1° Si les chemins de fer se mettent en grève, les membres de votre syndicat sont-ils résolus, par esprit de solidarité, à supporter sans protestation la gêne momentanée qui en résultera ?

2° Votre syndicat est-il décidé à se joindre au mouvement en cessant lui-même le travail, pour arracher au patronat les réformes que vous réclamez ?

Sur les 2.000 syndicats consultés, 198 répondirent et 46 seulement se déclarèrent prêts à cesser le travail en même temps que les employés de chemins de fer.

Le 10 juin, le Syndicat adressa une demande d'audience à M. Noblemaire pour l'entretenir de quelques faits particuliers. Le directeur de la Compagnie Paris-Lyon-Méditerranée répondit que, en présence de l'agitation et de la discorde que ne cessait de prêcher le syndicat et, surtout de son manifeste du 28 mai, il ne pouvait plus le reconnaître comme l'intermédiaire qualifié pour lui présenter les réclamations des agents. Le 8 juillet, la Compagnie adressa au Ministre des Travaux publics une lettre où elle rappelait que satisfaction avait déjà été donnée à la plupart des desiderata formulés dans le programme des syndicats, et où elle montrait tout ce que ce programme contenait d'irréalisable (1).

1. Le *Journal des transports*, 30 juillet 1898.

Le 12 juillet, le conseil d'administration du Syndicat adressa aux compagnies une lettre, les informant du mandat qu'il avait reçu et les priant de recevoir une délégation du Syndicat pour examiner dans quelle mesure les demandes formulées en 1893 dans le programme des employés pouvaient être satisfaites. La plupart des Compagnies répondirent en rappelant les améliorations qu'elles avaient déjà apportées dans la situation de leur personnel et déclarèrent qu'elles refusaient d'entrer en pourparlers « avec un groupe qui ne cessait de provo-« quer les agents à la révolte ».

La compagnie du Nord répondit simplement : « qu'elle « ne pouvait entrer en discussion avec un groupe où des « employés révoqués ne cessent depuis leur révocation « et malgré leur insuccès, d'exciter le personnel, par « leurs publications et par leurs discours, à l'indiscipline « et à la haine de ses chefs (1) ».

La direction de l'Etat consentit à recevoir la délégation. L'entrevue, qui eut lieu le 28 juillet, n'eut aucun résultat. Le conseil d'administration du syndicat déclara alors que, tous les moyens de conciliation ayant échoué, la grève des chemins de fer éclaterait à la première occasion (2). L'article 27 des statuts du syndicat porte que la grève générale de la corporation ne pourra être déclarée que dans les conditions suivantes : 1° Etre proposée par 16 membres au moins du conseil d'administration : 2° Réunir au moins 20 suffrages d'un comité de 26 membres nommés chaque année par le congrès. Nous

1. *La Tribune de la voie ferrée*, 8 août 1898.

2. *La Tribune de la voie ferrée*, 8 août 1898.

avons vu que le principe de la grève avait été voté par le congrès le 30 avril.

L'occasion demandée ne tarda pas à se présenter. Le 13 septembre, une grève se produisit à Paris parmi les terrassiers employés aux travaux de l'exposition (1). Le 22 septembre, le conseil du syndicat se réunit, mais après avoir pris connaissance du médiocre résultat donné par la consultation des syndicats, il vota à l'unanimité moins une voix « qu'il y avait lieu d'ajourner la déclaration de « la grève générale. » Cependant la grève du bâtiment prenait des proportions inattendues : le 3 octobre, les serruriers, les maçons, les peintres, les cordonniers, les démolisseurs, les débardeurs et ouvriers des ports cessaient le travail. Le 7 octobre, quatre nouveaux syndicats importants se mettaient en grève et une délégation se rendit à la séance du syndicat des chemins de fer afin de lui demander ce qu'il attendait pour se joindre au mouvement.

Nul doute que la grève aurait été déclarée le jour même si M. Guérard avait été à Paris, mais il était en « tournée de propagande » et le conseil ne crut pas devoir prendre une décision sans lui. On décida de le rappeler par télégramme et, pour utiliser le délai nécessaire à son retour, une circulaire fut envoyée à tous les groupes du syndicat en les priant de se prononcer au plus vite pour ou contre la grève. L'administrateur chargé d'expédier le télégram-

1. Voyez sur cette grève : Le Cour Grandmaison. *La grève du bâtiment* (*Revue des deux Mondes*, 15 décembre 1898).

me le garda dans sa poche, et M. Guérard ne rentra à Paris que le 11. Il était déjà bien tard, mais on perdit encore du temps. Le 11, le conseil vota la grève par 12 voix contre 11 et 1 abstention et s'ajourna au lendemain pour prendre connaissance des réponses des groupes de province. Le 12, on avait reçu des groupes 36 réponses favorables à la grève, 18 hésitantes et 34 hostiles. Puis les administrateurs votèrent encore la grève par 13 voix contre 11 et 2 abstentions (1). La séance se prolongea toute la nuit et l'on expédia aux syndiqués de province un avis déclarant la grève pour le 14 octobre. Le jeudi 13, deux proclamations furent affichées sur les murs de Paris. La première, adressée *aux travailleurs des chemins de fer*, déclarait que le travail devait cesser le vendredi matin et qu'il ne reprendrait qu'aux conditions suivantes :

1° Réintégration de tous les grévistes.

2° Augmentation générale des salaires.

3° Retraite pour tous.

4° Retraite proportionnelle.

5° Diminution de la journée de travail.

La seconde proclamation, adressée *au public et aux camarades des autres corporations*, se terminait ainsi :

« Que partout on proclame la grève générale, dans les « mines, dans les usines, dans les ateliers, dans les ma« gasins, dans les bureaux. Que partout le travail s'ar-

1. *Le Temps*, dans son numéro du 14 octobre, donne des chiffres un peu différents qui ont été reproduits par la plupart des journaux.

« rête en même temps, que la vie sociale soit suspendue ; « que la bourgeoisie capitaliste inhumaine apprenne enfin « ce que peut le peuple soulevé. Unissons-nous pour la « conquête des réformes économiques. Que tous solida- « risent leurs efforts, et la grève, à laquelle nous « avons été acculés contre notre gré, sera de très courte « durée ».

Le résultat ne répondit pas à l'ampleur de ce programme. Le gouvernement fit immédiatement occuper militairement toutes les gares de France. Les circulaires que que le syndicat avait expédiées, pour plus de sûreté, sous une enveloppe portant le nom d'un marchand de vins, furent arrêtées dans les bureaux de poste ; des perquisitions furent faites au siège du syndicat et aux domiciles des administrateurs, et les papiers saisis. Les affiches proclamant la grève furent lacérées par la police. D'ailleurs il était trop tard. La grève du bâtiment était à peu près terminée et la tentative des chemins de fer ne suffit pas à la ranimer.

En vain le syndicat envoya en province des délégués porteurs d'instructions verbales, en vain il adressa aux employés une proclamation annonçant « le travail arrêté « sur plusieurs réseaux » et protestant contre « les basses « manœuvres policières des compagnies et les illégalités « tolérées par le gouvernement (1) », la partie était perdue. Le mouvement ne fut pas secondé par la corpora-

1. *La Tribune de la Voie Ferrée*, 17 octobre.

tion et plusieurs des associations d'employés protestèrent contre la grève (1).

Il n'y eut que 135 grévistes, dont 10 sur le Nord, sur l'Est, 60 sur l'Ouest, et la plupart reprirent le travail l'après-midi, lorsqu'ils virent que leur exemple n'était pas suivi. Trente-six furent révoqués (2).

« Pour couvrir sa retraite », selon l'expression de M. F. Roussel (3), M. Guérard écrivit, le 14 octobre, au juge de paix du Xe arrondissement, en le priant, conformément à la loi du 27 décembre 1892, de convoquer à son cabinet les représentants des Compagnies et une délégation du syndicat pour discuter les conditions d'un arbitrage; il alléguait que la teneur de cette loi l'avait obligé à déclarer la grève puisqu'on ne peut en réclamer le bénéfice que lorsque les hostilités ont commencé. Il lui fut répondu que, la grève qu'il invoquait n'existant pas, ce motif ne pouvait suffire pour justifier un arbitrage (4).

On n'eut à réprimer, au cours de ce mouvement, aucune entrave à la liberté du travail vis-à-vis des employés de chemins de fer, mais les tentatives criminelles qui avaient illustré la grève de 1891 se reproduisirent dans des con-

1. Voyez notamment la protestation de la *Fédération des mécaniciens chauffeurs* et celle de l'*Association amicale des employés de chemins de fer*. (*L'Echo de Paris*, 15 et 16 octobre).

2. Nous empruntons ces chiffres au *Rapport* du Conseil d'administration du Syndicat. Le *Bulletin de l'Office du Travail* (novembre 1893 p. 850) ne signale que 22 grévistes. Ce chiffre est certainement trop faible si le nombre des révocations est exact.

3. *Revue Politique et Parlementaire*, 10 novembre 1898.

4. Voyez à ce sujet le *Bullet. de l'Off. du Travail, loc. cit.*

ditions analogues. En quatre endroits différents, à Pantin, Aubervilliers, Viroflay et Enghien, les tringles de transmission et les fils des signaux furent coupés. En province, près de Boulogne et de Marseille, des poutres et des pierres furent placées sur les rails ou dans les jonctions d'aiguilles (1). Il est difficile de ne pas assigner une relation de cause à effet, si lointaine soit-elle, entre ces attentats et la proclamation de la grève, et on ne peut s'empêcher de reconnaître combien est encore obscure, dans certains cerveaux, la différence entre la grève, la révolution et le crime.

A la suite de cet échec, le Conseil d'administration du syndicat donna sa démission, et M. Guérard annonça qu'il n'accepterait pas le renouvellement de son mandat d'administrateur (2). Un congrès extraordinaire du syndicat se réunit à Paris le 21 janvier 1899 pour aviser à la nouvelle ligne de conduite qu'il conviendrait de suivre.

SECTION III. — *Grève d'Alger, novembre* 1898 (3).

Le 8 novembre 1898, les employés de la Compagnie des chemins de fer sur route algériens se réunirent à la Bourse du Travail et décidèrent de se mettre en grève

1. Le *Rapport* du conseil d'administration prétend « que ce sont « les Compagnies elles-mêmes, d'accord avec la police, qui ont pro- « cédé à ces attentats pour rire. » On peut en dire autant de tous les crimes qui ne réussissent pas.

2. *La Tribune de la voie ferrée*, 16 janvier 1899.

3. *La Tribune de la Voie ferrée*, 14 novembre et 26 décembre 1898.

pour obtenir une augmentation de salaires et la réduction des heures de travail. Un certain nombre d'employés des tramways électriques décidèrent de se solidariser avec eux. Le lendemain, les grévistes, au nombre de quatre cents environ, se postèrent sur le passage des voitures que la Compagnie avait réussi à faire sortir, les prirent d'assaut malgré les gendarmes qu'on y avait placés et les mirent hors de service. Le gouverneur général de la Compagnie reçut une délégation de grévistes et il fut convenu que le différend serait soumis à l'arbitrage du juge de paix. La circulation fut rétablie le 16 novembre, après sept jours d'interruption. Les agents de la Compagnie des chemins de fer sur route obtinrent la journée de 10 heures et quelques autres avantages. Leurs salaires qui étaient avant la grève de 3 fr. 50 à 4 fr. 25 furent élevés de cinquante centimes. Les employés de tramways, qui ne s'étaient mis en grève que par solidarité, se déclarèrent satisfaits de quelques concessions nominales.

CHAPITRE III

CONSIDÉRATIONS SUR LES GRÈVES DE CHEMINS DE FER

Les grèves de chemins de fer n'affectent pas dans toutes les nations les mêmes caractères ; elles diffèrent surtout en raison des conditions économiques et politiques de chaque pays. Mais elles offrent un certain nombre de points communs, ce qui est assez naturel si l'on songe que le personnel est partout recruté et sérié d'une manière analogue, là où il n'est pas complètement fonctionnarisé.

Les grèves sont surtout fréquentes parmi les employés dont le rôle est accessoire ou secondaire, par rapport à la fonction primordiale des chemins de fer, qui est le transport à longue distance. Les ouvriers des ateliers de construction et de réparation, les préposés aux messageries et au factage urbains sont ceux qui cessent le travail les premiers. Domiciliés le plus souvent dans les principales villes, réunis en assez grand nombre dans le même quartier, ils se communiquent facilement leurs griefs, il leur est aisé de se concerter, et les agitateurs trouvent en eux un terrain propice à leurs desseins. Il n'en est pas de même des agents affectés au service des trains et des gares, disséminés sur des centaines de lieues, à l'abri des excitations des centres populeux dont les échos leur arrivent affaiblis et confus. Il y a, du reste, à cela un autre motif. Les employés des messageries et des ateliers sont souvent des auxiliaires ou des journaliers ; ils n'ont pas droit à la retraite et les liens qui les attachent à leur compagnie sont moins solides.

On a vu pourtant des grèves se produire également parmi le personnel classé ou commissionné, mais il est rare que les agents non permanents ne donnent pas l'exemple et le signal. Il serait donc utile de prendre vis-à-vis de ces derniers des garanties que l'on ne trouve pas dans leur contrat de louage, non-seulement pour éviter les graves inconvénients que ne manquerait pas de produire l'arrêt des transports urbains ou la défection des agents non-commissionnés appartenant au service des trains, mais aussi pour mettre les agents commissionnés à l'abri d'entraînements quelquefois irrésistibles.

En second lieu, indépendamment de ses conséquences immédiates sur le trafic et le commerce, une grève de chemins de fer est toujours une occasion de désordres graves. Si nous en exceptons la grève des chemins de fer suisses, nous rencontrons en tous pays, non seulement des attentats contre la liberté du travail et contre la propriété, mais aussi contre la sécurité des voyageurs, et notre pays n'est pas des moins féconds en constatations de ce genre. Dans les proclamations et les publications destinées au grand jour, les agitateurs n'ont qu'un refrain : pas d'excès, pas de violences, ni contre les chefs, ni contre le matériel, tel est le mot d'ordre. Et ils ajoutent avec inquiétude : « Les employés nous écouteront-ils (1)? » Mais dans leurs réunions secrètes, ils renoncent à cette fiction. Au Congrès de Tours, en 1896, le secrétaire général d'un syndicat français déclara qu'il se faisait fort, avec cent hommes déterminés, de déboulonner les rails et de rendre la répression impossible par l'éparpillement des troupes. Dans une brochure intitulée : « *Qu'est-ce que la grève générale* », par M. Girard et F. Pelloutier (2), nous apprenons qu'il existe *un moyen très simple* pour les employés de chemins de fer de se mettre en grève sans avoir à craindre le code militaire, en cas de mobilisation; mais notre curiosité n'est qu'éveillée sans être satisfaite, car la recette est un secret mystérieux qu'on ne confie qu'aux initiés. Il en est de même d'un procédé recommandé par la brochure *Boycottage et Sabottage* (3), procédé qui permet de mettre une locomotive hors d'usage avec deux sous d'une certaine poudre dont la formule est jalousement gardée. Quant aux mécaniciens, « s'ils ne « veulent pas se mettre en grève, tant pis pour eux : ils « sauteront (4) ».

Il faut donc s'attendre à ce que, dans les coalitions futures entre les agents de chemins de fer, les grévistes ou les révolutionnaires qui font cause commune avec eux ne reculeront devant aucune violence. Les tentatives avortées dont nous avons été témoins en France nous

1. Voyez à ce sujet un article signé : Ferragus (*Le Chemin de fer*, 26 nov. 1898).

2. Libraire socialiste, 51, rue Saint-Sauveur. Paris.

3. Dépôt à Paris, 15, rue Lavieuville.

4. Musée Social, *Circulaire*, n° 15, série A, p. 316-317.

donnent une idée des excès qui se produiraient dans le cas d'un mouvement sérieux. Le premier acte que se permettront les grévistes comme la chose la plus naturelle du monde, sera d'arrêter les trains, ainsi qu'on l'a vu à Alger, pour forcer les dissidents à les suivre. Cette doctrine est affirmée carrément par un des écrivains du parti (1). Si les mesures d'ordre sont trop rigoureuses pour qu'un coup de main réussisse, on aura alors recours aux moyens secrets que l'on garde pour le moment propice.

Dans notre pays en particulier, le parti de la grève des chemins de fer est trop intimement inféodé au mouvement révolutionnaire pour que l'on conserve le moindre doute sur ses réelles intentions. Ce serait une grave erreur que de tirer la moindre analogie du caractère de la grève des cheminots suisses et de conclure du particulier au général; les révolutionnaires français ont emprunté aux suisses leur tactique qui a si bien réussi, ils ont essayé d'imposer aux employés la parfaite discipline qui régnait dans l'armée de MM. Sourbeck et Greulich, mais il est impossible de pousser le parallèle plus loin.

A d'autres points de vue, du reste, la situation de la France diffère de celle des autres pays qui ont vis-à-vis des grèves des chemins de fer une législation plus ou moins libérale. Les chemins de fer out chez nous une mission militaire plus importante qu'ailleurs. En Angleterre et aux Etats-Unis, la rapidité des transports terres-

1. Jean Cheminot. *La liberté du travail*, (*La Tribune de la voie ferrée*, 26 décembre 1898).

tres en cas de guerre n'a qu'une importance de s cond ordre : aucun voisin puissant ne menace leurs frontières. La Belgique, la Suisse sont couvertes par leur neutralité. Partout ailleurs, en Italie, en Allemagne, le législateur a pris ou prend des mesures énergiques et nous serions grandement imprévoyants sinon coupables, si nous ne nous entourions pas des mêmes précautions que nos ennemis éventuels.

Ne partageons pas, surtout, l'illusion dangereuse où se complaisent certains esprits optimistes. M. Bourgeois se déclarait l'adversaire des lois proposées sur les grèves de chemins de fer (1) parce qu'une grève ne peut se maintenir que si elle a pour elle l'opinion publique ; or, une grève dans les chemins de fer soulèverait une indignation si générale, que les employés renonceraient à braver la réprobation universelle. Nous ne saurions partager cette manière de voir. L'opinion publique est un état d'âme difficile à déterminer et à saisir, et ce qu'on prend pour l'opinion publique n'est souvent que l'opinion d'une bruyante minorité. De plus, les faits démentent catégoriquement cette affirmation spécieuse, car nous n'avons vu nulle part, en ce qui concerne les chemins de fer, les grévistes s'inquiéter des convenances et des besoins du public.

La Grève et le Contrat de transport.

Aux termes de l'article 1148 du Code civil, « il n'y a « lieu à aucuns dommages-intérêts lorsque, par suite d'un

1. Séance du Sénat du 3 février 1896.

« cas de force majeure ou d'un cas fortuit, le débiteur a « été empêché de donner ou de faire ce à quoi il était « obligé ». La grève est-elle un fait de force majeure de nature à délier l'entrepreneur de transports de son obligation, en cas de retard dans la livraison des marchandises ou dans le transport des voyageurs ?

La jurisprudence définit la force majeure « celle qui « résulte d'un événement qui est en dehors des prévisions « et dont les effets ne peuvent être surmontés », ou mieux encore « celle qui résulte d'un événement indépendant « de la volonté humaine et que cette volonté n'a pu ni « prévoir ni conjurer. » Elle est ainsi définie par les auteurs les plus récents : Aubry et Rau, Demolombe, Laurent, Larombière, (Dalloz, *Supp.*, v° *Force Majeure*).

Mais il n'y a force majeure de nature à emporter la résolution d'une obligation que quand l'exécution de l'obligation est devenue impossible.

Appliquons ces principes aux chemins de fer. Il est incontestable que l'exécution de l'obligation est devenue impossible lorsque les grévistes se sont opposés par la force à la circulation des trains ou ont détérioré le matériel. En agissant de la sorte, les grévistes se sont transformés en émeutiers et une jurisprudence constante décide que l'insurrection et l'émeute sont des faits de force majeure au même titre que la guerre étrangère. Voy. Civ. Rej., 8 janvier 1856, affaire Têtu (D. P. 55. 1. 9). — Cons. d'Et., 18 mars 1877, affaire Banque de France (D. P. 77. 3. 81). — Cons. d'Et., 4 février 1887, affaire Société Parisienne de crédit (D. P. 88. 3. 69).

La question est plus délicate lorsque les grévistes n'ont

commis aucun excès et se sont bornés à refuser de travailler. Un jugement du tribunal de commerce de Bruxelles (30 janvier 1890, affaire de Page. D. P. 91. 3, 24) et un jugement du tribunal civil d'Hazebrouck (18 janvier 1890, affaire Decroix, D. P. 91. 3. 24) décident qu'une grève survenue dans les charbonnages ne dispensent pas le vendeur d'agglomérés de livrer le charbon qu'il a promis. Mais ces deux décisions ne se prononcent pas sur le principe, car il est bien évident que la grève n'avait pas rendu *impossible* l'exécution de l'obligation, qu'elle l'avait seulement rendue *plus difficile*, puisque les vendeurs avaient la ressource de se procurer du charbon dans d'autres mines.

Mais un arrêt de la Cour de Rennes (Affaire Depeaux c. Crevel, 28 juin 1894, *Gaz. Pal.* 1894. 2. 235) résout la question de la manière la plus claire et la plus logique. Cet arrêt confirme par adoption de motifs le jugement du tribunal de Nantes qui décidait :

« Que c'est à tort que le demandeur prétend qu'une « grève ne saurait être considérée comme un cas fortuit, « puisqu'il dépend toujours du patron de le faire cesser en « accordant aux grévistes tout ce que ceux-ci réclament;

« Qu'il est manifeste en effet que cette théorie, si elle « était admise, aurait pour les patrons qui se trouve- « raient ainsi soumis à tous les caprices de leurs ouvriers, « dont ils devraient en toute circonstance suivre la loi, « des résultats désastreux et de nature à compromettre « gravement la prospérité de notre commerce et de nos « industries nationales ; qu'elle serait en outre en opposi- « tion avec l'esprit de notre législation qui ne reconnaît

« la légitimité des grèves qu'à condition que patrons et « ouvriers aient dans la défense de leurs intérêts la même « liberté et la même indépendance.

« Que, par ailleurs, ce moyen ne procède pas en fait, « car il est de notoriété publique à Saint-Nazaire qu'au « cours de la grève dont il s'agit, quelques patrons ayant « proposé à leurs équipes habituelles de travailler aux « conditions exigées par elles, celles-ci ont néanmoins « refusé par esprit de solidarité de reprendre le travail « avant que la question de l'augmentation des salaires ait « été définitivement réglée entre tous les patrons et les « diverses catégories d'ouvriers grévistes du port. »

Nous conclurons donc que la grève est un cas de force majeure qui dispense le transporteur d'exécuter le contrat de transport lorsqu'elle rend réellement impossible l'exécution de la convention.

On rencontre aux Etats-Unis une législation — ou plutôt une jurisprudence — différente. Les tribunaux yankees n'admettent comme cas de force majeure que le *fait de Dieu* (*act of God*) et le fait des ennemis publics, et les grévistes ou émeutiers ne sont pas considérés comme ennemis publics. Il en résulte donc que le simple refus de travail, de la part de ses employés, ne relève pas l'entrepreneur de transports de sa responsabilité en cas d'inexécution du contrat de transport, alors même qu'il a employé toute la diligence possible pour remplacer les grévistes par des *blacklegs*.

Il en résulterait même qu'il ne serait pas dégagé davantage lorsque les grévistes ou ceux qui font cause commune avec eux s'opposent par la force à la circulation des trains ou mettent le matériel hors d'usage. Mais les tribunaux appliquent en pareil cas une théorie qui, par son étrangeté, mérite une mention spéciale. L'homme ne répond que de son fait ou de celui des personnes à son service agissant en cette qualité; or, les grévistes ne sont plus au service de l'entrepreneur et les excès qu'ils commettent ne peuvent pas l'engager; alors même qu'ils seraient encore à son service, les fautes dont ils se rendent coupables ne sont pas commises dans l'exercice de leurs fonctions et le patron n'est pas obligé de répondre, vis-à-vis des voyageurs et expéditeurs, des conséquences dommageables qui peuvent en résulter pour eux.

On ne s'attendait guère en cette affaire, à voir intervenir la responsabilité de notre article 1384, Code civil. L'auteur américain (1) qui nous expose cette jurisprudence, ne paraît pas se douter de la grossière confusion d'où procède cette théorie. Appliquer à la responsabilité contractuelle les règles de la responsabilité délictuelle, tel est le moindre défaut de cette conception *transatlantique* que nous n'avons signalée que pour sa singularité.

1. Jacob Moses. *The law applicable to strikes*, *op. cit.*

CHAPITRE IV

NÉCESSITÉ D'UNE LÉGISLATION SPÉCIALE SUR LES GRÈVES DE CHEMINS DE FER.

Sauf quelques dispositions qui visent l'état de guerre, les grèves de chemins de fer n'occupent pas dans nos codes la place qu'elles méritent. Le législateur, surpris sans doute par la rapidité des progrès industriels, n'a pas eu le temps de se mettre à hauteur. Plusieurs projets ont été discutés, votés même, par l'une des Chambres, mais l'opposition des partis extrêmes et, parfois, du gouvernement lui-même, ont empêché ces projets d'aboutir.

Il faut reconnaître que l'on a souvent employé des arguments très faibles pour demander l'interdiction de ces coalitions ; il existe pourtant assez de bonnes raisons pour qu'il soit inutile d'en donner de mauvaises. Nous allons examiner les unes et les autres.

On a parlé de l'intérêt supérieur des finances de l'Etat. L'Etat ayant accordé à presque toutes les compagnies de chemins de fer des garanties d'intérêt, il est évident qu'une grève aurait une lourde répercussion sur le budget, soit que les transports soient entravés ou suspendus pendant quelque temps, soit que les employés obtiennent une augmentation de salaires ou une diminution de travail. Le résultat immédiat, baisse des recettes ou élévation des dépenses se traduirait en définitive par un déficit au budget de l'Etat. Mais ces considérations ne nous paraissent pas de nature à motiver l'interdiction des grèves. L'intérêt fiscal est un intérêt économique, du même ordre que celui des employés eux-mêmes. La répercussion sur le budget n'est même qu'une conséquence indirecte de la grève, car, outre les compagnies qui ne font pas appel à la garantie d'intérêts, comme le Nord, on peut concevoir des compagnies dont les finances s'améliorent assez pour pouvoir supporter sans faiblir et sans faire appel à la garantie, les conséquences d'une grève. Il resterait donc à protéger l'intérêt des actionnaires ; mais nous serions fort étonné si l'on interdisait les grèves dans le seul but de mettre à l'abri de la baisse le portefeuille des particuliers. Celui qui place son argent dans l'industrie sait à quels risques il l'expose ; le tissage, les mines, la métallurgie, les manufactures de toute espèce n'en sont pas exempts ; pourquoi doter d'un tel privilège les actions de chemins de fer que les conventions avec l'Etat ont déjà placées dans une situation exceptionnelle ? Ce serait assurément la première fois que l'on verrait une législation humanitaire créer un délit pour soustraire des valeurs au libre jeu des lois économiques.

On a dit aussi que les chemins de fer constituent un monopole pour les transports dans les régions desservies par leurs réseaux et que ce monopole a pour conséquences d'obliger celui qui en bénéficie à assurer le fonctionnement du service dont il est chargé. Une grève serait la violation de ce principe, puisqu'elle interromprait le trafic et que personne ne serait en mesure de le reprendre pour son compte, même à ses risques et périls. Cet argument paraît sérieux ; il a le défaut de reposer sur une équivoque. Il faudrait s'entendre sur le mot monopole, car il en est peu dont on ait autant abusé. Un monopole n'est pas une entité métaphysique : il existe au sujet d'une chose et au profit de quelqu'un. Nous connaissons les monopoles du tabac, des allumettes, au profit de l'Etat, le monopole des produits brevetés au profit de l'inventeur, le monopole d'un service postal au profit d'une compagnie maritime. Il est logique que le titulaire d'un monopole soit frappé de déchéance s'il ne l'exploite pas, lorsqu'il se présente un concurrent qui s'offre aux mêmes conditions. La société peut exiger que le colon ne laisse pas en jachère les champs fertiles qu'elle lui a confiés.

Appliquons ce principe aux chemins de fer. Les chemins de fer sont un monopole ; au profit de qui ? des Compagnies. C'est la Compagnie, représentée par son Directeur, son conseil d'administration et ses actionnaires, qui est le colon ; c'est elle que l'on peut obliger à faire valoir le domaine. C'est la compagnie, disons-nous, et non ses employés ; ceux-ci ne participent en aucune manière au monopole ; il n'en profitent pas et n'en ont pas connaissance ; le monopole de leur patron ne les engage en rien. Le principe du monopole est excellent pour condamner la coalition des patrons, le lockout, mais ils ne condamne pas autre chose, et ce n'est pas de cela qu'il s'agit. La question du droit de coalition, pour les employés et ouvriers, reste donc entière.

D'ailleurs, si cet argument était exact, il faudrait enlever le droit de grève, non seulement aux employés de chemins de fer, non seulement aux ouvriers des manufactures de tabacs et d'allumettes, mais aussi aux employés des compagnies de tramways et d'omnibus, des usines à gaz, de toutes les sociétés adjudicataires de travaux publics, communaux ou départementaux et même aux ouvriers des mines, puisque les concessionnaires des mines jouissent d'un monopole dans l'étendue de leur concession. La théorie du monopole ne résiste donc pas plus à la réfutation par l'absurde qu'à la réfutation directe.

Il y a pourtant dans cette théorie quelque chose à retenir et dont nous allons faire usage. Nous avons vu que les Compagnies jouissent d'un monopole et nous en avons conclu qu'elles sont obligées d'exploiter leur réseau. Elles ne peuvent donc, sous aucun prétexte, recourir, en cas de lutte économique, au procédé du lockout. Un patron manufacturier peut, s'il le juge nécessaire, et s'il se croit assez fort, s'entendre avec ses confrères, licencier ses ouvriers, arrêter ses machines et éteindre ses fourneaux. C'est souvent la manière la plus efficace de répondre à une coalition ouvrière et les constructeurs mécaniciens d'Angleterre, pendant la grève de 1897-1898, en ont joué avec autant de rigueur que de succès. Si dure et si cruelle que soit une semblable méthode, elle n'est pas plus injuste que la grève elle-même. La grève est une guerre ; celui qui la déclare doit faire état de ses ressources autant que de son bon droit ; qu'il ne s'étonne pas si l'attaqué prend à son tour l'offensive et s'il répond à la ruine par la misère et la faim.

Pour que la lutte économique soit égale entre le patron et les ouvriers, il faut donc que chacun puisse se servir de ses armes ; si l'un des partis est paralysé, il est vaincu d'avance, et le principe de la libre lutte économique est faussé. Telle est bien la situation des compagnies de chemins de fer : le monopole leur interdit l'usage du lockout et il faut, si l'on ne veut pas les livrer pieds et poings liés aux exigences de leurs employés, interdire à ces employés l'usage de la coalition, puisque cette arme n'est pas permise à leur patron.

En vain objecterait-on que notre théorie contredit le raisonnement que nous avons fait quelques lignes plus haut et qu'elle interdit la grève à tous les employés des industries monopolisées, puisqu'elle condamne le lockout de la part des patrons titulaires de monopoles. La situation n'est pas la même dans l'un et les autres cas.

En ce qui concerne les industries monopolisées par l'Etat, nous ne pensons pas que le lockout soit à craindre; d'ailleurs il serait facile, en cas de grève, de s'approvisionner en tabac et en allumettes auprès de l'industrie privée, soit en France, soit à l'étranger. Quant aux monopoles des compagnies privées, ces industries peuvent chômer pendant quelque temps sans que le pays soit frappé de paralysie, menacé de la disette et exposé sans défense aux attaques de ses ennemis. Il n'en va pas de même d'une grève sur les voies ferrées. Le lockout ou la grève se produisissent-ils dans les mines ou dans une usine à gaz, ils n'auraient pas les conséquences désastreuses que produirait l'arrêt des chemins de fer, fût-ce pendant un seul jour, dans un pays comme la France.

Une Compagnie de chemins de fer met à la disposition du public un mécanisme excessivement compliqué, dont le fonctionnement a la délicatesse et la précision d'un instrument d'horlogerie et qui actionne des forces énormes, susceptibles, lorsqu'elles sont dévoyées, d'occasionner les plus terribles catastrophes. La sécurité du public exige que tous les rouages du mécanisme accomplissent leur rôle au moment voulu; qu'un seul rouage s'agrippe ou se brise, toute la machine s'arrêtera, et ce sera miracle si l'on n'a pas de mort d'homme à déplorer. Lorsqu'un train muni de son mécanicien, de son chauffeur et de ses garde-freins se met en marche, il faut, pour qu'il arrive à destination sans accident, que sur une ligne longue de plusieurs centaines de kilomètres, des milliers d'hommes, chefs de gare, hommes d'équipe, aiguilleurs, garde-sémaphores, télégraphistes, blockeurs, etc., accomplissent sans une défaillance le rôle qui leur est assigné. On ne doit pas souffrir que quelques mauvaises volontés individuelles compromettent le fonctionnement de cet organisme si formidable et si délicat et mettent en péril la vie des voyageurs et des employés fidèles, en suspendant toutes les communications et en plaçant le pays « dans l'immobilité de la mort (1) ».

C'est pourtant à ce déplorable résultat que l'on se verrait acculé si la grève était permise aux employés de chemins de fer comme aux autres ouvriers et employés de l'industrie. Il suffirait qu'un nombre notable de mécaniciens, par exemple, ou d'aiguilleurs, ou les employés

1. Ce sont les termes employés dans la circulaire du Comité de la Grève Générale en avril 1898. M. Guérard était un des signataires de ce document.

d'une gare située sur une grande ligne, représentant une part proportionnelle infime du personnel total, refusent le service, pour qu'un réseau tout entier soit condamné à l'inertie.

Une grève effective des chemins de fer serait un désastre et les puissances voisines qui guettent avec impatience le moment où notre pays sera sans défense ne manqueraient pas de saisir l'occasion tant convoitée de se jeter sur nous. Un service de chemins de fer assuré est le complément indispensable de l'organisation militaire d'un pays.

Dès que l'horizon politique s'obscurcit, les chemins de fer doivent, avec le plus de diligence et de discrétion possible, former dans les gares les trains qui peuvent devenir nécessaires au jour de la rupture, tout préparer pour le transport des troupes et commencer même la concentration vers la frontière des corps qui doivent opérer au premier signal. Si la guerre éclate inopinément, les compagnies ont alors à remplir un effort énorme à l'accomplissement duquel tous les dévouements doivent concourir avec une mathématique précision. Il existe même des lignes stratégiques qui ont été contruites entièrement aux frais de l'Etat et dont l'exploitation retombe à sa charge ; l'Etat a contribué à la construction et à l'exploitation de presque toutes les autres ; le personnel de ces lignes peut donc être considéré à juste titre comme investi d'une mission militaire à laquelle il ne peut faillir sans trahison. Après avoir dépensé tant de milliards pour la défense de nos frontières et de nos côtes et pour l'armement de la nation, notre sécurité ne sera complète que lorsque nous avons mis nos chemins de fer, par une législation précise, à l'abri de l'éventualité d'une grève.

Les promoteurs de la dernière grève ont déclaré que, si un danger menaçait la France, tous les employés reprendraient immédiatement leur poste (1). Cette profession de foi était inutile, car il serait injuste de suspecter le courage et le patriotisme des hommes qui consacrent leu existence à un métier souvent pénible et qui risquent obscurément et héroïquement leur vie le long des voies ferrées et sur les locomotives (2). Mais ne voit-on pas qu'une grève serait précisément l'instant que choisiraient nos ennemis sans nous donner le temps de nous ressaisir ?

Nous n'hésitons pas à conclure que le droit de coalition est dans un état un péril de premier ordre, lorsqu'il peut avoir d'aussi désastreuses conséquences.

Ceux qui ont mis au nombre des droits naturels la faculté pour le travailleur de cesser le travail, ont oublié qu'en maintes circonstances, les besoins de la société exigent que l'individu sacrifie son intérêt privé à l'intérêt général. La coalition est interdite aux fonctionnaires et aux soldats ; le droit naturel en est-il offensé et la justice en est-elle amoindrie ? Il ne faut pas perdre de vue ce principe, qui a été réservé par nos assemblées législatives toutes les fois que le droit de coalition a été débattu devant elles, qu'un acte licite en lui-même peut-être déclaré illicite lorsque le législateur trouve dans le maintien de

1. Appel au public du syndicat National des Chemins de fer. (*La tribune de la voie ferrée*, 17 octobre 1898).

2. Voyez à ce sujet une brochure publiée sous le pseudonyme de Mesmard : *Les employés de chemins de fer*.

l'ordre public des motifs suffisants pour l'interdire. Nous invoquerons donc, pour restreindre le droit de coalition aux employés de chemins de fer, la maxime que l'ancien Parlement de Bourgogne insculpait sur ses jetons : *Salus populi suprema lex esto.*

QUATRIÈME PARTIE

Les Grèves de chemins de fer en France (*Suite et fin*).
Le Problème Juridique.

CHAPITRE I

LÉGISLATION ACTUELLE SUR LES GRÈVES DE CHEMINS DE FER

Pour l'examen des textes législatifs dont dispose le gouvernement vis-à-vis des coalitions dans les chemins de fer, nous distinguerons deux cas bien différents, selon qu'on se trouve en temps de guerre ou en temps de paix. Les voies ferrées étant un des principaux mécanismes de notre organisation militaire, on conçoit qu'elles soient soumises en temps de guerre à des règles spéciales. Il est d'ailleurs indispensable de connaître la première de ces législations pour bien comprendre la seconde.

SECTION I. — *Temps de guerre.*

Les deux textes fondamentaux sont la loi du 28 décembre 1888 sur les réquisitions militaires et la loi du 15 juillet 1889 sur le recrutement de l'armée.

Voici les passages les plus intéressants de ces deux lois :

Loi du 28 décembre 1888, article 22 : « En temps de « guerre, le service des chemins de fer relève tout en- « tier de l'autorité militaire ».

Article 23. « Le ministre de la guerre dispose des che- « mins de fer dans toute l'étendue du territoire non oc- « cupé par les armées d'opération. . . . . . .

Article 24. « Les commandants en chef des armées ont, « en outre, sous leurs ordres, un personnel spécial com- « prenant : — 1° des sections de chemins de fer de campa- « gne, organisées en tout temps avec le personnel des « grandes compagnies de chemins de fer et du réseau de « l'Etat ; — 2° des troupes de sapeurs de chemins de « fer.

Article 25. « Chaque administration de chemins de fer « est représentée en tout temps auprès du ministre de la « guerre par un agent agréé par lui et chargé : — 1° En « temps de paix, d'assurer, d'après les instructions du mi- « nistre, la préparation complète des transports en temps « de guerre ; — 2° En temps de guerre, de recevoir les « ordres du ministre et d'en assurer l'exécution . . .

Article 26. « Une commission militaire supérieure des « chemins de fer est instituée dès le temps de paix au- « près du ministre de la guerre. »

Loi du 15 juillet 1889.

Article 48. « Les hommes envoyés dans la réserve « de l'armée active, dans l'armée territoriale et dans la

« réserve de ladite armée sont affectés aux divers corps « de troupes et services de l'armée active et de l'armée « territoriale. Il sont tenus de rejoindre leur corps en cas « de mobilisation, de rappel de leur classe ordonné par « décret, de convocation pour des manœuvres ou exerci- « ces... Le rappel de la réserve l'armée active peut-être fait « d'une manière distincte et indépendante pour l'armée « de terre, pour l'armée de mer ou pour les troupes colo- « niales, il peut être fait pour un, plusieurs, ou tous les « corps d'armée, et, s'il y a lieu, distinctement par « arme.

« Les mêmes dispositions sont applicables à l'armée « territoriale. . . . . . .

Article 51. « En cas de mobilisation, nul ne peut se « prévaloir de la fonction ou de l'emploi qu'il occupe « pour se soustraire. aux obligations de la classe à la- « quelle il appartient.

« Sont seuls autorisés à ne pas rejoindre immédiate_ « ment, dans le cas de convocation par voie d'affiche ou « de publication sur la voie publique, les titulaires des « fonctions et emplois désignés aux tableaux A, B, et C « annexés à la présente loi, sous la condition qu'ils oc- « cupent ces fonctions ou emplois depuis six mois au « moins.

« Les fonctionnaires et agents portés au tableau A qui « ne relèvent pas déjà des ministres de la guerre et de la « marine sont mis à la disposition de ces ministres et « attendent leurs ordres dans leur situation respective.

« Les fonctionnaires et agents du tableau B. qui ne

« comptent plus dans la réserve de l'armée active... ne re-« joignent leurs corps que sur ordres spéciaux.

« Les hommes autorisés à ne pas rejoindre immédiate-« ment sont, dès la publication de l'ordre de mobilisation, « soumis à la juridiction des tribunaux militaires, par « application de l'article 57 du code de justice militaire.

TABLEAU A.

« *Personnel placé sous les ordres des ministres de la « guerre et de la marine ou mis à leur disposition en « cas de mobilisation.*

« ... Chemins de fer : Sections techniques. — Person-« nel de l'exploitation technique. — Administration cen-« trale...

TABLEAU B.

« *Désignation des fonctionnaires et agents qui en cas « de mobilisation sont autorisés à ne pas rejoindre im-« médiatement, quand ils n'appartiennent pas à la ré-« serve de l'armée active* :

« ... Chemins de fer : Personnel sédentaire. Contentieux. « Services des titres ».

Au point de vue de la loi militaire, on est réputé en temps de guerre à partir du moment de la mobilisation générale (L. du 15 juillet 1889, art. 51 *in fine*). Sont alors soumis à la loi militaire, en vertu de l'art. 48 de la loi du 28 décembre 1888 :

1° Les agents appartenant aux neuf sections techniques de campagne organisées dès le temps de paix. Ces sections comprennent environ 14.000 hommes. Les agents de cette catégorie sont qualifiés *en affectation spéciale.*

2° Les agents placés dans le tableau A de la loi sur le recrutement, c'est-à-dire les agents qui, ayant accompli leur service actif dans l'armée, sont placés dans la *non-disponibilité* de l'armée, dispensés des périodes d'instruction militaire et qui, en cas de guerre, continuent leur service dans les chemins de fer au lieu de rejoindre leur corps.

On peut admettre que, des deux catégories d'employés ci-dessus, la grève ne sera plus à craindre, puisqu'ils sont placés sous l'empire de la loi militaire. Mais les agents ainsi placés sont loin de former la totalité du personnel des chemins de fer, ainsi que nous allons l'exposer.

Si nous prenons pour exemple la Compagnie Paris-Lyon-Méditerranée (1), nous observons tout d'abord que, conformément aux instructions de la note ministérielle du 20 mars 1891, ne sont inscrits sur les contrôles de la non-disponibilité que les agents permanents. Les auxiliaires et les journaliers n'y sont donc pas inscrits. Ils forment une catégorie très nombreuse d'ouvriers engagés par les chefs de service ou les chefs locaux (2), selon les besoins du trafic et des ateliers. Le chiffre de ces employés est essentiellement flottant; ils ne sont pas inscrits à la caisse des retraites, mais il arrive fréquemment qu'il restent atta-

1. Ordre général n° 17, du 15 juillet 1892

2. Ordre général n° 5, du 17 septembre 1898.

chés toute leur vie à la même Compagnie. De plus, bien qu'ils ne soient engagés, en principe, que pour les travaux d'une durée temporaire, il existe soit dans les gares, soit dans les ateliers, soit sur la voie, un grand nombre d'auxiliaires et de journaliers affectés à des travaux qui n'ont rien de temporaire.

En second lieu, les agents permanents sont loin d'être tous inscrits sur les contrôles de la non-disponibilité. On doit en excepter : (1)

1° Les agents permanents qui n'ont pas six mois de service à la Compagnie.

2° Les agents permanents qui n'ont pas encore tiré au sort.

3° Les agents permanents qui, en raison de leur âge, ne sont plus dans la réserve de l'armée territoriale.

4° Les agents permanents exemptés définitivement du service militaire ou réformés au corps (Ordre général n° 17, article 22).

5° Les agents permanents étrangers : les Suisses, par exemple.

6° Les femmes.

7° Les agents permanents du Contentieux et du Service des Titres qui sont encore dans la réserve de l'armée active.

8° Les agents permanents pourvus du grade d'officier ou assimilés.

D'une manière générale les agents des Compagnies de

1. O. G. 17. art. 4

chemins de fer se trouvent donc en temps de guerre dans trois situations différentes :

1° *Agents qui continuent leur service dans les chemins de fer sous les ordres du ministre de la guerre.* — Cette catégorie comprend ceux qui sont affectés spécialement aux sections techniques et ceux qui sont placés dans la non-disponibilité de l'armée.

2° *Agents qui rejoignent leur corps.* — Cette catégorie comprend les officiers de réserve, et tous les agents, permanents ou non, non inscrits sur les contrôles de la non-disponibilité qui sont dans la réserve de l'armée active, l'armée territoriale et la réserve de la dite armée.

3° *Agents qui sont dispensés de toute obligation militaire.* — Ces agents, même les étrangers et les femmes (1), sont aussi justiciables des conseils de guerre, conformément à l'article 62 du Code de justice militaire, ainsi conçu : « Sont justiciables des Conseils de guerre aux armées, « pour tout crime ou délit : 1°... 2° *les individus employés* « *à quelque titre que ce soit dans les états-majors et* « *dans les administrations et services qui dépendent de* « *l'armée* ». Nous savons en effet qu'en temps de guerre les chemins de fer dépendent de l'armée.

On peut donc en conclure que le gouvernement est suffisamment armé contre les grèves de chemins de fer en temps de guerre, puisque *tous les agents* sont soumis, à des titres divers, à la loi militaire. Remarquons seulement que l'exploitation serait gravement compromise par

1. Cette situation n'a rien d'exceptionnel : le personnel des sociétés de secours aux blessés, qui peut comprendre des étrangers et des femmes, est également sous les ordres du ministre de la guerre.

le départ des hommes de la seconde catégorie qui rejoignent leur corps dès la mobilisation et des agents appartenant aux sections techniques, les sections techniques étant destinées à opérer par fractions constituées ailleurs que dans les localités où les agents sont employés. Il est vrai que le gouvernement disposerait, pour combler les lacunes les plus urgentes, du 5e régiment du génie (régiment des chemins de fer).

Etat de siège. — Au temps de guerre nous devons assimiler l'état de siège, par application de l'article 70 du Code de justice militaire, ainsi conçu : « Les Conseils de « guerre dans le ressort desquels se trouvent les commu- « nes et les départements déclarés en état de siège « et les places de guerre assiégées ou investies connais- « sent de tous les crimes et délits commis par les justi- « ciables des conseils de guerre aux armées ».

Section II. — *Temps de paix.*

En temps de paix, le respect du contrat de louage de services peut être sanctionné de trois façons différentes. Il peut y avoir une réparation pécuniaire, due par celle des parties qui brise le contrat, une législation pénale réprimant la cessation concertée de travail et une législation préventive destinée à enlever aux intéressés les moyens légaux de se coaliser. Examinons à ces trois points de vue différents la législation française actuelle.

§ 1. — Garanties du droit civil.

L'article 1780 du Code civil décide « qu'on ne peut engager ses services qu'à temps ou pour une entreprise « déterminée ». La loi du 27 décembre 1890 sur le contrat de louage et sur les rapports des agents de chemins de fer avec les Compagnies a complété cet article de la manière suivante :

« Le louage de services, fait sans détermination de « durée, peut toujours cesser par la volonté d'une des « parties contractantes.

« Néanmoins, la résiliation du contrat par la volonté « d'un seul contractant peut donner lieu à des dommages-intérêts.

« Pour la fixation de l'indemnité à allouer, le cas « échéant, il est tenu compte des usages, de la nature « des services engagés, du temps écoulé, des retenues « opérées et des versements effectués en vue d'une pension de retraite, et, en général, de toutes les circonstances qui peuvent justifier l'existence et déterminer « l'étendue du préjudice causé ».

Notre droit interdit le louage de services perpétuel, comme contraire au principe de l'inaliénabilité de la liberté humaine. On a craint, en autorisant le contrat de services perpétuel, d'ouvrir la porte au contrat héréditaire qui aurait reconstitué dans la nation une caste d'esclaves et de serfs.

Le contrat de travail peut être fait pour une durée déterminée ou indéterminée et les règles ne sont pas les mêmes dans l'un et l'autre cas. Lorsque la durée du contrat est fixée, on se réfère au droit commun des obligations; si la durée est indéterminée, on applique les règles spéciales de l'article 1780; on a cru devoir entourer de garanties particulières cette convention, en raison des analogies qu'elle présente avec le contrat perpétuel.

Or le contrat par lequel les employés de chemins de fer louent leurs services est de durée indéterminée. Peu importe qu'ils soient rétribués à l'année et au mois, comme le sont généralement les employés commissionnés, ou à la journée comme les manœuvres et les journaliers. L'année, le mois et la journée sont ici les unités sur lesquelles se calculent les salaires ou les échéances où se font les paiements; ce ne sont pas des *termes* où le contrat se dénoue pour se renouveler par tacite reconduction. L'article 1780 est donc le texte qui régit le contrat des employés de chemins de fer.

C'est pour le cas du contrat de louage de services à durée indéterminée que les usages locaux, auxquels se réfère notre article, ont fixé le *délai-congé* qu'on doit observer pour la rupture du contrat de louage. Ce délai est généralement d'un mois, d'une quinzaine et d'une semaine, suivant que l'ouvrier est au mois, à la quinzaine ou à la semaine (1). Ce délai est obligatoire pour les deux parties et celle qui veut s'y soustraire doit payer à l'autre huit jours, quinze jours de salaires, sans préjudice

1. Voyez le discours de M. A. Muzet à la Chambre des députés le 25 novembre 1898. (*Journal officiel* du 26, p. 2290).

Bull. Off. Trav. nov. et déc. 1898.

de plus amples dommages-intérêts dans les cas prévus par le nouvel article 1780.

1° *Révocation.*

Tel qu'il existe aujourd'hui, l'article 1780 a pour effet de soustraire le contrat de louage de services sans détermination de durée à la règle posée par l'article 1184 Code civil, en ce qui concerne le pacte commissoire tacite. En vertu de cet article, la condition résolutoire tacite est toujours sous-entendue dans les contrats synallagmatiques pour le cas où l'une des parties ne remplirait pas son obligation, mais le contrat n'est pas résolu de plein droit et la résolution en doit être demandée en justice. Au contraire, en matière de louage de services sans détermination de durée, lors même que le droit de rompre est limité par des usages ou par une des causes énumérées dans le nouvel article 1780, l'une des parties peut rompre le contrat sans s'adresser à la justice, en l'absence de tous motifs juridiques, à plus forte raison lorsque l'autre partie n'exécute pas ses engagements.

Telle est la position d'un patron lorsque son employé refuse de faire le travail pour lequel il s'est engagé.

Mais, pour le surplus, le principe établi par l'article 1184 subsiste en se sens que l'inexécution de l'obligation n'implique pas de plein droit la résolution du contrat, et il faut que la volonté de rompre le contrat soit formellement exprimée par l'une des parties. Or, l'employé qui se met en grève ne rompt pas le contrat, il ne donne pas sa démission ; bien au contraire, il prétend que son patron le conserve. Il faut donc que cette volonté soit exprimée par le patron qui transformera cette résiliation de fait en résiliation de droit, sous le nom de congédiement ou de révocation.

L'employé qui fait grève s'expose donc d'abord à la révocation et ne peut demander de ce chef aucune indemnité, puisque c'est lui qui a provoqué la résiliation du contrat par sa faute. Les tribunaux ont fait souvent application de ce principe, spécialement en ce qui concerne les agents de chemins de fer. Trib, civ. de la Seine, 7 janvier 1892, affaire Godel. — 5 août 1893, affaire Corniot (*La Loi*, 13 août, *Le Droit*, 27 octobre 1893).

Mais, pour cette résiliation, le patron n'est-il pas obligé de respecter les délais d'usage, ou délais-congé ? Sur ce point encore la jurisprudence admet qu'il n'y a pas lieu d'allouer l'indemnité de délai-congé lorsque la faute est d'une telle gravité qu'elle exige un congédiement immédiat, et, dans l'affaire Corniot, le tribunal de la Seine, statuant sur un fait de grève, déclare « que la compagnie n'aurait « pu laisser une telle faute impunie, sans manquer elle-« même au devoir qui lui incombe d'assurer le service « public dont elle est chargée » (1).

2° — *Action en dommages-intérêts de la compagnie contre les grévistes.*

En second lieu, la compagnie de chemins de fer qui éprouve un préjudice du fait de la grève, a incontestable-

1. Voy., aussi : Cour d'Aix, 18 novembre 1893, affaire Lyon ; Tr. Com., Marseille, 7 décembre 1898, affaire Camoin.

ment le droit de réclamer des dommages-intérêts aux employés qui cessent le travail à la suite d'une coalition. Le délai-congé imposé aux parties par les usages auxquels se réfère l'article 1780 s'applique en effet à la cessation brusque du travail, qui est une résiliation *de fait* du contrat, aussi bien qu'au congédiement qui est une résolution de *droit*, lorsqu'il existe un usage local ou professionnel. Il n'existe pas d'usage professionnel en ce qui concerne les chemins de fer, mais il peut exister des usages locaux.

En ce sens, voyez un jugement du tribunal de commerce de Roubaix du 6 août 1891 (*La Loi*, 4 et 5 octobre 1891) qui déclare « que la loi de 1864 a simplement eu « pour but de supprimer le caractère de délit qui affec- « tait antérieurement, toute coalition quelconque ; qu'elle « n'a pas eu pour effet de délier ceux qui se coalisent « des engagements qui les liaient précédemment et *de les* « *exonérer de la responsabilité du préjudice* que pour- « rait faire naître la rupture desdits engagements ».

3°. — *Action de la Compagnie contre les fauteurs de la grève.*

En principe, les tiers, c'est-à-dire ceux qui ne sont ni ouvriers, ni patrons, ont le droit de s'immiscer dans une grève. Mais, en intervenant dans les affaires d'autrui, ils sont obligés à la plus grande prudence. D'après une consultation de M. Waldeck-Rousseau (1), au sujet du pro-

1. *Pandectes Françaises*, 1897, I, p. 337. Arrêt de la Cour de Cassation du 29 juin 1897, avec une note de M. Mérignhac.

cès Rességuier contre Jaurès et les journaux, il y a lieu de distinguer deux degrés dans la responsabilité.

Au premier degré, le tiers qui s'immisce dans une grève sera passible de dommages-intérêts vis-à-vis des patrons ou ouvriers, en vertu de l'article 1382, Code civil, s'il agit non pas dans l'intérêt des ouvriers, mais dans le sien propre, pour des motifs personnels.

Au second degré, il sera passible de dommages-intérêts toutes les fois qu'il aura employé, pour fomenter ou entretenir la grève, les moyens repréhensibles prohibés par l'article 414 Code pénal. Et cet auteur considère comme des manœuvres visées par cet article : les injures graves, les imputations précises dirigées contre le crédit moral du patron, les diffamations caractérisées, l'excitation à la haine de la personne du patron, les fausses rumeurs répandues dans le but soit d'éloigner les ouvriers de l'usine, soit d'empêcher d'autres ouvriers d'y entrer. En effet, ces agissements constituent des délits, et il est de principe que l'action civile née d'un délit peut être exercée indépendamment de l'action publique (art. 5, Code d'Instr. crim.) ; elle se confond avec l'action de l'article 1382. Tous les faits ci-dessus sont au moins des fautes, « sans qu'il soit « nécessaire de rechercher l'intention coupable ».

Dans l'arrêt qu'elle rendit au sujet de cette affaire, la Chambre des Requêtes n'adopta pas cette distinction, ou plutôt, n'en fit pas usage. Elle décida que « si toute per-« sonne a le droit d'intervenir dans une grève, elle ne « peut le faire que dans les conditions permises aux par-« ties intéressées elles-mêmes, c'est-à-dire en s'abstenant « des violences, voies de fait, menaces ou manœuvres

« frauduleuses interdites par l'art. 414 C. pén. » et elle considère comme tombant sous le coup de cet article, et comme donnant lieu à des dommages-intérêts en vertu de l'article 1382 : le fait de menacer de violences, la publication de listes de souscription où s'étalent des menaces de mort (1), les propos injurieux et diffamatoires, les imputations ou fausses nouvelles émises de mauvaise foi, la propagande de désembauchage, le fait de représenter les ouvriers qui consentent à travailler comme des incapables et des sacripants inexpérimentés, ignorants de leur art et de les accuser de ne fabriquer que des articles de rebut.

La distinction faite par M. Waldeck-Rousseau a pourtant quelque intérêt en ce qui concerne les syndicats (2). Le syndicat n'est pas un *tiers* dans une grève lorsqu'il intervient pour la défense de l'intérêt professionnel de la corporation ; il appartient au juge de décider en fait si le syndicat a agi réellement dans ce but ou pour des motifs étrangers.

§ 2. — Législation répressive.

Il existe au Code pénal et dans la loi du 15 juillet 1845 quelques articles qui punissent de peines correctionnelles

1. Voir sur ces listes de souscriptions ; Maurice Talmeyr, *La Verrerie ouvrière d'Albi*. (*Revue des Deux Mondes*, 15 juin 1898).

2. Voir aussi sur l'intervention des syndicats : A. Bergeron, *Du droit des syndicats d'ester en justice*, Thèse pour le doctorat, Paris, 1898.

et criminelles des infractions qui présentent une connexion intime avec les faits de grève de chemins de fer.

1°. — *Délits des fournisseurs, articles* 430 *et suivants du Code Pénal.*

L'article 430 est ainsi conçu :

Art. 430. — « Tous individus chargés, comme membres « de compagnies ou individuellement, d'entreprises ou ré- « gies pour le compte des armées de terre ou de mer, « qui, sans avoir été contraints par une force majeure, « auront fait manquer le service dont ils sont chargés, « seront punis de la peine de la réclusion e d'une amende « qui ne pourra excéder le quart des dommages-intérêts, « ni être au-dessous de 500 francs, le tout sans préjudice « de peines plus fortes en cas d'intelligence avec l'en- « nemi.

Art. 431. — « Lorsque la cessation du service pro- « viendra du fait des agents des fournisseurs, les agents « seront condamnés aux peines portées par le précédent « article.

« Les fournisseurs et leurs agents seront également « condamnés, lorsque les uns et les autres auront participé « au crime.

Art. 433. — « Quoique le service n'ait pas manqué, si, « par négligence, les livraisons et les travaux ont été re- « tardés,... les coupables seront punis d'un emprisonne- « ment de six mois au moins et de cinq ans au plus et « d'une amende qui ne pourra excéder le quart des dom- « mages-intérêts ni être moindre de 100 francs.

« Dans les divers cas prévus par les articles composant « le présent paragraphe, la poursuite ne pourra être faite « que sur la dénonciation du gouvernement. »

Le législateur de 1810 ne pensait certainement pas aux chemins de fer en rédigeant le Code pénal ; néanmoins les articles ci-dessus englobent dans la même incrimination toutes les personnes qui ont passé des marchés administratifs avec l'Etat pour les armées et la marine, marchés de transport aussi bien que de fournitures ; les articles 431 et 433 qui visent les *agents* des fournisseurs sont donc applicables aux employés de chemins de fer qui, en cessant leur service, auraient retardé ou fait manquer les livraisons destinées aux armées de terre ou de mer. Ces articles sont applicables en temps de paix aussi bien qu'en temps de guerre (1).

2°. — *Police des chemins de fer.*

La loi du 15 juillet 1845 prévoit les infractions contre la sûreté de la circulation sur les voies ferrées.

L'article 19 de cette loi porte : « Quiconque, par mala« dresse, imprudence, inattention, négligence ou inobser« vation des lois ou règlements, aura involontairement « causé sur un chemin de fer, ou dans les gares ou sta« tions, un accident qui aura occasionné des blessures, « sera puni de huit jours à six mois d'emprisonnement, « et d'une amende de 50 à 1000 francs.

1. Voyez le discours de M. Cavaignac, ministre de la guerre, à la séance du Sénat du 4 février 1896 (*Journ. off.* du 5).

« Si l'accident a occasionné la mort d'une ou plusieurs « personnes, l'emprisonnement sera de six mois à cinq « ans, et l'amende de 300 à 3.000 francs. »

Il est certain que, si une grève se produit, les règlements seront *inobservés*, et qu'il y aura des cas nombreux de négligence ; mais ces manquements ne seront punis que s'ils occasionnent un accident. Il n'y a là rien de plus que dans les articles 319 et 320 du Code pénal, punissant l'homicide et les coups et blessures par imprudence, sauf que les peines sont un peu plus fortes (1). Ce n'est pas dans cet article que nous trouvons la répression du délit professionnel en lui-même, sans tenir compte de ses conséquences.

La répression du délit professionnel n'existe que dans l'article 20 de la même loi, et seulement vis-à-vis des mécaniciens et conducteurs-garde-freins qui ont abandonné leur poste pendant la marche du train : « Sera puni d'un « emprisonnement de six mois à deux ans tout mécanicien « ou conducteur garde-frein qui aura abandonné son « poste pendant la marche du convoi ».

Les autres agents : chauffeurs, signaleurs, bloqueurs, gardiens sémaphoriques... ne sont pas visés par cette loi et le délit professionnel n'existe pas pour eux. Ils peuvent déserter leur poste sans avoir rien à se reprocher.

On trouve cependant une disposition applicable, par voie de référence, aux aiguilleurs. En vertu des articles 21 de la loi du 15 juillet 1845 et 79 de l'ordonnance du

1. D'après l'article 319, l'emprisonnement est de trois mois à deux ns en cas d'homicide, et d'après l'article 320, de six jours à deux maois en cas de blessures.

15 novembre 1846, toutes les contraventions aux ordonnances royales, aux décisions du ministère des travaux publics et aux arrêtés pris, sous son approbation, par les préfets pour l'exécution desdites lois et ordonnances, est passible d'une amende de 16 à 3.000 francs. Or l'article 71 du Règlement général d'exploitation de la compagnie Paris-Lyon-Méditerranée (1) interdit aux aiguilleurs de quitter leur poste sans avoir été remplacés. Les autres compagnies ont des règlements analogues. L'obligation de l'aiguilleur n'est donc sanctionnée que par l'amende tandis que celle des mécaniciens et garde-freins est sanctionnée par la prison.

3°. — *Coalition de fonctionnaires.*

L'article 123 du Code pénal punit d'un emprisonnement de deux à six mois et de l'interdiction des droits civiques, « tout concert de mesures contraires aux lois, pra-« tiqué soit par la réunion d'individus ou de corps dépo-« sitaires de quelque partie de l'autorité publique, soit « par députation ou correspondance entre eux ».

L'article 126 déclare coupables de forfaiture et punit de la dégradation civique « les fonctionnaires qui auront, « par délibération, arrêté de donner des démissions dont « l'objet ou l'effet serait d'empêcher ou de suspendre, « soit l'administration de la justice, soit l'accomplissement « d'un service quelconque ».

Ces articles seraient applicables aux employés de che-

1. Approuvé par décision ministérielle du 22 juin 1896.

mins de fer qui s'entendent pour cesser le travail, s'ils étaient *fonctionnaires* ou *dépositaires de quelque partie de l'autorité publique*, mais il n'en est rien. Remarquons de plus que, pour tomber sous le coup de l'article 126, il faut arrêter de *donner sa démission* : or, les grévistes ne donnent pas leur démission ; bien au contraire, ils prétendent forcer leur patron à les conserver et à accepter leurs conditions. Cette réserve faite, nous ne faisons aucune difficulté pour reconnaître que ces articles sont applicables aux employés supérieurs du réseau de l'Etat nommés directement par le Ministre, puisque nous leur avons attribué la qualité de fonctionnaires, ainsi qu'aux agents assermentés des compagnies privées.

On se rappelle que nous avons reconnu à ces derniers le droit de syndicat tandis que nous l'avons refusé aux employés supérieurs du réseau de l'Etat ; il nous paraît superflu de reproduire ici les motifs de cette apparente anomalie ; les uns et les autres tombent, à notre avis, sous le coup des dispositions de l'article 126 du Code pénal.

§ 3. — Législation préventive.

Nous comprenons sous cette dénomination toutes les mesures qui permettent de prévenir la grève, soit en atteignant les menées préparatoires, soit en plaçant les intéressés sur un terrain où leurs moindres gestes acquièrent aussitôt une exceptionnelle gravité.

1° — *Délits de presse ; provocations à la coalition.*

La coalition étant permise aux ouvriers des chemins de fer, la provocation à la coalition ne peut pas être réprimée.

L'article 23 de la loi sur la Presse du 29 juillet 1881 ne frappe que les provocations à commettre les actes qualifiés crimes ou délits par les lois. On ne peut donc poursuivre que les discours et publications tendant à exciter les mécaniciens, garde-freins et aiguilleurs à abandonner leur poste en service ; toutes autres provocations à la cessation du travail sont légales.

2°. — *Droit de réquisition militaire.*

Plusieurs lois : (loi du 3 juillet 1877 et le décret du 2 août ; loi du 5 mars 1890 et le décret du 3 juin, décret du 23 novembre 1886, loi du 17 juillet 1898), donnent à l'autorité militaire le droit de réquisitionner, en temps de paix, lors de tout rassemblement de troupes, les moyens de transport et leur personnel. Nous lisons en effet, dans l'article 5 de la loi du 3 juillet 1877 :

« Est exigible, par voie de réquisition, la fourniture « des prestations nécessaires à l'armée qui comprennent...

« ... Les moyens d'attelage et de transport de toute nature, y compris le personnel... Les matériaux, outils, « machines et appareils nécessaires pour la construction « et la réparation des voies de communication... ».

Le même article, *in fine*, limite à 24 heures la durée

maxima de la réquisition, mais cette limitation n'est pas applicable aux chemins de fer, car l'article 29 est ainsi conçu :

« Dans les cas prévus par l'article 1er de la présente « loi (Mobilisation partielle ou totale de l'armée, rassem- « blement de troupes), les Compagnies de Chemins de « fer sont tenues de mettre à la disposition du ministre « de la guerre toutes les ressources en personnel et ma- « tériel qu'il juge nécessaires pour assurer les transports « militaires. Le personnel et le matériel ainsi requis « peuvent être indifféremment employés sans distinction « de réseau sur toutes les lignes dont il peut être utile de « se servir, tant en deçà qu'au delà de la base d'opé- « rations ».

La rédaction de cette article, en instituant le Ministre juge des ressources qui sont nécessaires, lui donne par là-même le pouvoir d'apprécier le temps indispensable à l'exécution des transports. Mais si les employés sont en grève lorsqu'arrive l'ordre de réquisition ou s'ils se mettent en grève après l'avoir reçu ils ne sont passibles, aux termes de l'article 21 de la même loi, que d'une amende de 16 à 50 francs, sans préjudice de l'application des articles 430 et suivants du Code pénal, lorsque leur acte a réellement fait manquer un transport ou un convoi militaire

3°. — *Mobilisation des chemins de fer.*

On peut se demander, néanmoins, si la loin militaire ne fournit pas à ce sujet d'autres ressources. En effet, en cas de mobilisation, les chemins de fer sont placés, avec tout leur personnel, non plus dans la situation de la réquisition, mais sous les ordres directs du Ministre de la guerre, rien ne s'oppose donc, à première vue, à ce que le gouvernement, mesurant toute l'inefficacité des poursuites correctionnelles, constatant la fermentation des esprits dans le personnel, et ayant de bonnes raisons pour craindre que la grève ne soit le signal de troubles graves, d'une révolution ou d'une guerre, rien ne s'oppose, disons-nous, à ce que le gouvernement mobilise le service des chemins de fer, comme il mobiliserait un corps d'armée pour une expérience ou un exercice. Tout est prêt en conséquence : une commission militaire des chemins de fer fonctionne au ministère de la guerre ; chaque administration de chemins de fer est représentée en tout temps au ministère de la guerre, par un agent chargé en temps de paix d'assurer la préparation complète des transports ; les sections de campagne ont leurs cadres et forment comme un état-major d'élite au milieu du personnel ; un décret suffirait pour transformer en un instant toute cette organisation civile en une organisation militaire, soumise aux responsabilités, aux obligations et aux lois de l'armée, tel un commandement de *garde-à-vous* se transmettant le long des voies ferrées et, sur tout son passage, laissant les employés dans la position du soldat sans armes.

Mais cette théorie séduisante est irréalisable, car un tel décret serait illégal. Les règles de la mobilisation se trouvent dans l'art. 48 de la loi du 15 juillet 1889. Nous y lisons, au paragraphe 4 :

« Le rappel de la réserve de l'armée active peut être fait

« d'une manière distincte et indépendante pour l'armée de « terre, pour l'armée de mer ou pour les troupes colonia- « les ; il peut être fait pour un, plusieurs ou tous les corps « d'armée, et s'il y a lieu, distinctement par arme. Dans « tous les cas, il a lieu par classe, en commençant par la « moins ancienne. — Les mêmes dispositions sont applica- « bles à l'armée territoriale ».

Ainsi la mobilisation peut avoir lieu :

1° Par corps d'armée.
2° Par arme.
3° Par classe.

Or les chemins de fer ne constituent ni un corps d'armée, ni une classe : ils ne constituent pas davantage *une arme*. Par *armes* on entend l'infanterie, la cavalerie, l'artillerie, le génie. Ni l'intendance, ni le corps de santé ne sont des armes, ce sont des services auxiliaires dont l'utilité ne se conçoit que relativement aux armes proprement dites, et le décret mobilisant les chemins de fer serait encore plus illégal, — si tant est qu'il puisse y avoir des dégrés dans l'illégalité — qu'un décret mobilisant l'intendance ou tout autre service auxiliaire (1).

Remarquons enfin que cet ordre de mobilisation, fût-il possible, n'atteindrait que les agents placés dans la non-disponibilité de l'armée, les réservistes et les territoriaux

1. Il n'est pas inutile de relever cette erreur, car à propos d'incidents récents, plusieurs journaux ont prétendu que le ministre de la guerre pouvait mobiliser en tout temps les employés non-disponibles; voyez notamment l'*Echo de Paris*, 11 octobre 1898.

et que les hommes n'appartenant pas encore ou n'appartenant plus à l'armée et les hommes appartenant à la réserve de l'armée territoriale n'en seraient pas affectés.

Serait-il possible, tout au moins, de mobiliser les sections techniques de campagne ? Ces troupes peuvent, il est vrai, être convoquées pour une période d'instruction militaire mais cette convocation serait une source de difficultés et d'embarras plutôt que d'une utilité réelle. Les sections techniques ne sont pas organisées pour l'exploitation normale des voies ferrées en laissant chacun des agents qui en font partie dans le poste et la gare où il est employé. Ces hommes sont, au moment de la mobilisation, enlevés aux postes qu'ils occupent et chacun rejoint sa section avec le grade qu'ils possède *dans la section*. Quant aux sections ainsi constituées, elles sont à la disposition du ministre qui les emploie, sur les chemins de fer de France ou de l'étranger, selon les nécessités des opérations militaires. Or, les grades que les employés possèdent dans les sections ne correspondent aucunement à ceux dont ils sont revêtus dans leur compagnie ; tel chef de gare peut être sergent dans les sections techniques, tandis que son sous-chef est sergent-major ou lieutenant. Cette situation n'a aucun inconvénient lorsque les sections sont en campagne, car alors la hiérarchie de la compagnie disparaît, mais on voit les difficultés et les conflits d'autorité qui ne manqueront pas de surgir entre la hiérarchie militaire et la hiérarchie de la compagnie si les employés étaient militarisés sur place et maintenus dans les gares auxquelles ils sont affectés (1).

1. Cet inconvénient n'existe pas dans la loi italienne. Ainsi que

Observons aussi que les sections techniques ne comptent que 12 à 15.000 hommes, c'est-à-dire une très petite part proportionnelle du personnel des chemins de fer.

Si une grève de chemins de fer était à craindre en temps de paix, pendant la période de tension diplomatique qui est celle des transports intensifs, le gouvernement n'aurait donc que deux ressources pour placer les employés sous les ordres du ministre de la guerre : ou bien devancer la date de la mobilisation générale, mesure qui n'est pas de nature à faciliter les entretiens diplomatiques, ou proclamer l'état de siège. Cette dernière arme est trop pesante pour qu'on la sorte du fourreau à la légère et nous croyons qu'on trouvera peu de gouvernements disposés à assumer vis-à-vis du pays la responsabilité d'une mesure aussi grave, plaçant tous les citoyens sous un régime d'exception, lorsque les chemins de fer seuls sont en cause.

Il est superflu de faire observer que la situation serait la même en l'absence de toute complication internationale.

Section III. — *Insuffisance de la législation.*

Un coup d'œil d'ensemble montrera les lacunes de nos lois en ce qui concerne les grèves de chemins de fer. N'oublions pas, en effet, que le but à remplir n'est pas de réprimer les défaillances ou les délits individuels. Selon nous, il faut empêcher la coalition, la prévenir, et non

nous l'avons vu, les employés militarisés sont revêtus de grades correspondants à ceux des compagnies.

pas la punir ; les peines répressives ne peuvent s'appliquer que lorsqu'il y a eu commencement d'exécution ; or, en fait de grève, lorsqu'il y a eu commencement d'exécution, il est trop tard pour arrêter le mouvement et ce n'est pas avec quelques procès devant les tribunaux civils ou correctionnels qu'on réfrène l'élan de cent mille grévistes. Ce sont des piqûres d'épingle, des banderilles dans le cou du taureau, et l'animal n'en devient que plus furieux et plus aveugle. Il sera bien temps de mettre en marche le lent appareil de la justice, pour infliger des indemnités, des amendes et de la prison à des ouvriers déjà plongés dans la misère, lorsque les transports seront suspendus et l'ordre public gravement compromis, lorsqu'il y aura eu des émeutes et des déraillements criminels ! Il sera bien temps de rappeler les employés de chemins de fer sous les drapeaux lorsque l'ennemi, profitant de notre désarroi, aura forcé la frontière !

Que voyons-nous, en effet, dans l'arsenal de nos lois ? Le code civil permettant aux compagnies d'obtenir une indemnité des employés qui les quittent sans délai-congé ? faible garantie lorsque l'ouvrier n'hésite pas à mettre le gagne-pain de sa famille comme enjeu de la partie ; — le code pénal punissant de réclusion les délits des fournisseurs ? disposition que les tribunaux n'appliqueront que lorsque l'intention des inculpés aura été réellement d'interrompre la fourniture de l'armée, et dont le gouvernement seul pourra requérir l'application ; — des peines contre le mécanicien, le garde-frein et l'aiguilleur qui abandonnent leur poste ? incrimination qui, pour être efficace, devrait être étendue à toutes les classes d'agents ; — enfin des peines contre les coalitions de fonctionnaires, peines qui par une étrange ironie ne menacent que ceux qui ne se coaliseront jamais.

En résumé, tel est le singulier coup d'œil offert par notre arsenal, qu'il mériterait plutôt le nom de musée des armures. Tandis qu'il nous faut des cuirasses à l'épreuve des explosifs, nous ne sommes pas protégés contre les traits d'arbalète.

CHAPITRE II

LES PROJETS DE LOIS.

On a proposé différents systèmes pour conjurer les grèves de chemins de fer, soit en attaquant la question de front, soit par des voies indirectes, mais aucun de ces projets, que nous allons passer rapidement en revue, n'a reçu la sanction de la loi. Aucun, d'ailleurs ne nous satisfait complètement.

Section I. — *Modification de l'article* 1780 *du Code Civil.*

Lors de la discussion parlementaire d'où sortit le nouvel article 1780 du Code Civil, la Chambre avait voté un article 2 ainsi conçu :

« La convention par laquelle les compagnies et admi-
« nistrations de chemins de fer louent les services de
« leurs agents commissionnés ne peut être résiliée sans
« motif légitime par la volonté de l'une des deux parties
« contractantes que moyennant la réparation du préju-
« dice causé à l'autre partie. Seront à cet égard assimi-
« lés aux agents commissionnés, les employés et ouvriers

« de chemins de fer qui participent aux caisses de re-« traite et de secours ».

M. Yves Guyot, ministre des travaux publics, soutint ce texte au Sénat dans les deux séances du 21 juillet et 25 décembre 1890. « Aujourd'hui, dans la législation ac-« tuelle, disait-il, vous n'avez rien qui empêche les em-« ployés de chemins de fer de se mettre en grève du « jour au lendemain ; vous n'avez rien qui les empêche « de suspendre ce service public. L'article 2 a une por-« tée sur laquelle j'attire votre attention, c'est qu'il sup-« prime le droit de grève à l'égard des employés de che-« mins de fer (1). »

A notre avis, le ministre commettait une triple erreur.

Le droit de grève, tel que l'entendait le ministre, était déjà prohibé par l'article 1 du projet, voté par les deux Chambres et qui, désormais, faisait partie intégrante de l'article 1780 du Code civil. Puisque cet article soumettait la rupture du contrat de travail sans détermination de durée, dans toutes les professions, à l'observation des délais imposés par les usages, il est évident que les employés de chemins de fer ne pouvaient pas plus que les autres ouvriers, se mettre en grève *du jour au lendemain*, sans respecter les usages locaux. Que disait donc de plus l'article 2 soutenu par le ministre ? Sans doute, il exigeait un motif légitime pour la rupture de ce contrat, mais en revanche, il restreignait l'article 1, puisqu'il ne parlait que des employés commissionnés et assimilés, laissant la question indécise pour les autres employés.

1. *Journ. Off.*, 26 novembre 1890.

Enfin le ministre oubliait qu'il ne suffit pas de supprimer le droit de grève au point de vue civil, mais qu'il faut donner à la loi une sanction que le droit civil est impuissant à fournir.

Au point de vue qui nous occupe, nous ne pouvons donc pas regretter que ce texte n'ait pas été voté.

SECTION II. — *Modification des articles 414 et 415 du Code Pénal.*

Le 4 mars 1895, M. Trarieux, Ministre de la Justice, déposa au Sénat un projet de loi portant modification des articles 414 et 415 du Code pénal. A l'article 415 était ajoutée la disposition suivante :

« Sera puni d'un emprisonnement de six jours à deux « ans et d'une amende de 16 francs à 500 francs, ou de « l'une de ces deux peines seulement, quiconque aura, « en dehors des cas prévus par l'article précédent (1) « amené ou maintenu, tenté d'amener ou de maintenir « une cessation concertée de travail de la part des ou- « vriers et employés d'un service public auxquels s'ap- « pliquent les dispositions spéciales de l'article 51 de la « loi du 15 juillet 1889 sur le recrutement de l'armée ».

En se référant à l'article 51 de la loi sur le recrutement le projet tendait donc à interdire la coalition simple, sans violences, voies de fait, menaces, ni manœuvres frauduleuses aux employés de l'administration centrale et des

1. L'article 414, c'est-à-dire : même en l'absence de violences voies de fait, menaces ou manœuvres frauduleuses.

établissements métropolitains et coloniaux des ministères de la guerre et de la marine et aux employés de chemins de fer placés dans les tableaux A et B annexés à ladite loi.

Or, nous avons montré que ces tableaux sont loin d'englober tous les agents nécessaires au service normal des voies ferrées. A la séance du Sénat, le 3 février 1896, M. Cavaignac, alors ministre de la Guerre, donna les chiffres suivants. Dans une compagnie où il faudrait 11.144 agents pour assurer le service au jour de la mobilisation, 5.917 seulement se trouvaient dans les cas prévus par l'article 51; dans une autre compagnie, sur 7.950 agents indispensables, 2.609 seulement étaient non disponibles, et la proportion était à peu près la même sur les autres réseaux. Quoique ces chiffres soient essentiellement flottants, rien n'est venu modifier la situation depuis cette époque.

La moitié environ des agents échappe donc à la loi proposée par M. Trarieux, et chose qu'il importe de remarquer, ces agents sont précisément ceux de qui la grève est le plus à redouter. Tous les agents non disponibles au point de vue de la mobilisation, c'est-à-dire ceux à qui s'applique l'interdiction du projet de loi, sont des agents permanents. Or, voyons quelle est vis-à-vis des autres employés la condition des agents permanents dans les compagnies de chemins de fer. Si nous prenons pour exemple la compagnie P.-L.-M., le personnel est ainsi réparti (1) :

1. Ordre Général, n° 5 du 1er septembre 1898.

1° *Agents permanents.*

A. — *Agents classés.* — Les agents classés sont inscrits à la caisse des retraites. Ils sont rétribués à l'année. Ils sont nommés par le conseil d'administration, et lorsqu'ils ont quitté la compagnie pour un motif quelconque, ils ne peuvent plus être admis à y rentrer, même à titre de journalier ou d'auxiliaire temporaire.

B. — *Agents embrigadés* . — Les agents embrigadés sont appointés au mois ou à la journée. Ils sont nommés par les chefs de service ou leurs délégués. Ils sont également inscrits à la caisse des retraites.

C. — *Agents stagiaires.* — Les agents stagiaires sont des employés qui accomplissent un stage, généralemen d'un an, avant d'être classés ou embrigadés. Cette situation est essentiellement transitoire.

2° *Agents non-permanents.*

A. — *Auxiliaires.* — Les auxiliaires sont des agents embauchés temporairement pour être adjoints aux agents classés. Ils sont nommés par les chefs de service.

B. — *Journaliers.* — Les journaliers sont aux agents embrigadés ce que les auxiliaires sont aux agents classés. Ils sont nommés par les chefs locaux et ne peuvent être engagés pour plus de trois mois.

Les uns et les autres sont payés à la journée.

Notons en passant que la compagnie P.-L.-M., ainsi que la compagnie de l'Ouest, ont abandonné l'ancienne classification en agents commissionnés et non commissionnés. Les autres compagnies l'ont conservée.

Il est facile de se rendre compte que la grève recrutera moins facilement des partisans parmi les agents permanents que parmi les autres. Les agents permanents qui ont quitté le service de la compagnie ne peuvent plus être réintégrès dans aucun service, tandis que les agents non-permanents peuvent être engagés de nouveau s'ils se sont laissé entraîner, au cours d'une grève, à rompre leur contrat. Les agents permanents ont droit à une retraite et ils ne compromettront pas volontiers par un refus de service inconsidéré les droits acquis par de longues années de labeur. En outre, on peut admettre que leur situation développe en eux des sentiments de discipline et de dévouement que ne portent pas au même degré des agents employés au jour le jour.

Or, les agents non-permanents sont nombreux dans tous les services, ils constituent une partie notable des agents à qui l'article 51 de la loi du 15 juillet 1889 n'est pas applicable ; il suffirait qu'une grève éclatât dans leurs rangs pour paralyser l'exploitation d'un réseau, et c'est précisément vis-à-vis d'eux que le projet Trarieux montre le plus d'indifférence !

Ce projet de loi fut retiré le 30 janvier 1896 par le ministère Bourgeois.

Une autre proposition, dûe à l'initiative sénatoriale, signée de MM. Demôle et Merlin fut discutée dans les séances des 3, 4 et 14 février. Ce projet différait du précédent en ce que, au lieu de se référer au texte de la loi militaire, il énumérait les professions auxquelles les coalitions étaient désormais interdites : les employés et ouvriers des établissements de la Guerre et de la Marine, des manufactures de tabacs, d'allumettes, et les agents des Compagnies de chemins de fer et des chemins de l'Etat, *en ce compris les agents non classés, employés à titre permanent* (1). La critique que nous faisions au projet Trarieux, il faudrait la renouveler ici, car nous tenons pour fort imprudente une loi qui dédaigne de s'occuper des employés non-permanents des compagnies de chemins de fer. Il n'est pas une Compagnie qui puisse fonctionner avec ses seuls employés permanents et l'on s'en apercevrait surtout en cas de complications diplomatiques nécessitant des transports de troupes ou d'approvisionnements.

Cet écueil a été évité par les rédacteurs du projet de réforme du Code pénal qui contient au n° 172 du titre 1er du 2e livre une disposition plus générale : « Tout « concert ayant pour objet ou pour résultat de suspendre « en tout ou en partie le fonctionnement d'un service « d'intérêt général, comme la circulation des chemins « de fer... sera puni d'un emprisonnement de six mois « à deux ans (2) ».

Mais les deux projets de loi ont un autre défaut que nous avons signalé dans notre législation actuelle et auquel ils n'apportent aucun remède. Ces lois sont, en effet, des mesures répressives ; elles ne peuvent être appli-

1. Le 14 février, le Sénat vota le projet Merlin et Demôle, en supprimant les dispositions qui concernaient les ouvriers des tabacs et des allumettes ; le projet est actuellement devant la Chambre.

2. Cité par M. Trarieux au Sénat, le 3 février 1896.

quées que lorsqu'il y a eu commencement d'exécution; or, à ce moment, il est trop tard, car ce n'est pas avec quelques poursuites correctionnelles que l'on arrête l'élan d'une grève. Il faudrait soigner le mal dans sa cause et non dans ses effets.

SECTION III. — *Suppression du droit de syndicat professionnel.*

Nous avons signalé (1) les projets de loi tendant à enlever aux employés des chemins de fer le bénéfice de la loi du 21 mars 1884. Ce serait un moyen indirect, mais efficace pour prévenir les coalitions. Ce sont en effet les associations ouvrières, sous quelque nom qu'elles se présentent, syndicat, ligue, *trade-union*, qui sont les artisans les plus actifs des grèves. Nous les avons vues partout organiser des congrès, élaborer des programmes — toujours irréalisables — envenimer les questions corporatives par des questions de personnes et, par leurs exigences exagérées, ou leur intervention inopportune, compromettre quelquefois la réussite des négociations.

C'est même une opinion assez répandue que le droit au syndicat professionnel implique le droit de coalition et que l'un ne va pas sans l'autre. Le syndicat est un instrument si merveilleusement adapté à l'organisation des grèves, qu'il semble à quelques-uns n'avoir pas d'autre finalité. M. Jean Dupuy disait à la séance du Sénat du

1. *Vide, suprà*, p. 95.

4 février 1896 : « Il me paraît impossible qu'on puisse « concilier la suppression du droit de coalition avec « l'exercice libre du droit de se syndiquer », et plusieurs orateurs exprimèrent l'idée que les projets de MM. Trarieux et Demôle n'étaient qu'un moyen détourné de retirer aux employés de chemins de fer le bénéfice de la loi accordant la liberté syndicale.

A notre avis, il y a là une fondamentale erreur de doctrine, aussi bien au point de vue économique qu'au point de vue juridique. La coalition est d'essence temporaire et le syndicat essentiellement permanent, voilà bien une différence, et qui peut soutenir que l'on doit appliquer les mêmes règles à deux choses aussi dissemblables? Le droit de coalition peut s'exercer sans la liberté d'association, puisque de 1864 à 1884 la coalition était permise et le syndicat interdit.

Inversement, on ne saurait méconnaître que le syndicat répond à des fonctions que la coalition est impuissante à remplir. Arme brutale, source de conflits irritants et d'espérances déçues plus souvent que réalisées, la grève est le dernier argument auquel on doive recourir, et les corporations ouvrières ont, fort heureusement, d'autres moyens d'améliorer les conditions de leur existence. Au premier rang se place l'assistance, par des sociétés de secours mutuels. Il peut y avoir un service de contentieux pour soutenir devant les tribunaux les questions d'intérêt collectif ou même les intérêts particuliers. Des bibliothèques, des conférences, des cours professionnels permettront aux membres de la corporation d'acquérir l'instruction générale ou spéciale qui leur fait défaut. Lorsqu'une loi intéressant une corporation est en préparation, il n'est pas mauvais que ceux qui connaissent le mieux la question, parcequ'elle est pour eux une question vitale, entrent en rapports avec les membres du parlement pour étudier les mesures que l'on propose et présentent, soit de simples retouches, soit un contre-projet, et tout ceci n'a rien à voir avec la coalition.

Or on ne peut nier que le syndicat professionnel ne puisse rendre tous ces services et il est en fait qu'il les rend quelquefois, notamment chez les employés de chemins de fer.

Les syndicats ne peuvent-ils pas aussi, surtout s'ils sont composés d'agents dont les fonctions sont les mêmes, devenir, suivant les expressions employés par le Directeur d'une grande compagnie dans une entrevue avec quelques agents, « le porte-parole des employés trop ti-
« mides pour venir eux-mêmes, comme instrument de
« pacification, de concorde entre les chefs et les agents? (1)»
Il est tout naturel, en semblable occasion, que les compagnies fassent acception et tiennent compte des dispositions d'esprit et des allures du syndicat et se réservent la faculté de ne pas entrer en pourparlers avec lui lorsque ses démarches sont soulignées d'appels à l'indiscipline et prennent le caractère d'une intimidation (2).

1. Note de M. Noblemaire pour M. l'Ingénieur en chef de matériel et de la Traction (*L'Echo des chemins de fer*, 21 septembre 1891).

2. Voyez à ce sujet le récit de l'entrevue du 30 avril 1898 entre M. Noblemaire et les délégués du syndicat National (*suprà*, page 120).

La question devient encore plus délicate lorsqu'une grève a éclaté et que le syndicat exige de la compagnie qu'elle lui reconnaisse la qualité de plénipotentiaire des grévistes. Cela réussit en Suisse et en Angleterre, cela échoue en Irlande et ailleurs ; il arrive que l'offre du syndicat, loin d'arranger le conflit, envenime les choses.

Faut-il en conclure que l'on doit supprimer le syndicat ? Non, certes, car il suffit de supprimer la grève et nous croyons qu'on peut y arriver par d'autres moyens.

Section IV. — *Délits de presse, provocation etc.*

En examinant les projets Trarieux et Demôle, nous avons négligé, ou, plutôt, réservé une disposition importante. Nous lisons en effet dans le texte voté par le Sénat : « Qui- « conque aura.... amené ou maintenu, tenté d'amener ou « de maintenir une cessation concertée de travail..., » et dans le projet défendu par M. Demôle (1) :

« Les chefs ou moteurs seront punis d'un emprisonne- « ment de deux à cinq ans. Toute provocation publique « à commettre le délit ci-dessus spécifié sera poursuivie « devant les tribunaux correctionnels et punie d'un em- « prisonnement de trois mois à un an et d'une amende « de cent francs à trois mille francs ».

Certes, voila des mesures qu'on ne peut taxer de faiblesse ; elles ne se contentent pas de réprimer la gréve, elles la préviennent, et de la manière la plus judicieuse,

1. Sénat, n° 121, Session 1895, annexe au procès-verbal de la séance du 10 juin 1895.

en menaçant les meneurs et les chefs ; avant de ramener le troupeau égaré, la loi s'en prend aux *mauvais bergers.*

Nous éprouvons cependant un scrupule avant d'approuver sans réserves les dispositions qui précèdent. Nous avons repoussé la partie essentielle des projets discutés devant le Sénat, celle qui punit les ouvriers coalisés ; il ne serait pas logique de punir la provocation à un acte que la loi ne réprime pas. Il peut sembler étrange qu'après avoir proclamé l'excellence des mesures préventives nous refusions celles qui nous sont offertes, mais nous espérons, dans les pages qui suivent, sortir de cette apparente indécision.

CHAPITRE III

PLAN DE RÉFORMES.

En examinant successivement la législation des pays étrangers et la nôtre, en signalant leurs défauts et leurs lacunes, en critiquant les remèdes que l'on a proposés et les projets de lois qui ont été discutés en France, nous nous sommes inspiré de principes invariables et nous avons indiqué d'une manière suffisante vers quel but nous nous dirigions et de quel côté nous prétendons trouver la solution du problème. Nous avons montré la nécessité d'interdire les grèves dans les chemins de fer; il ne reste plus qu'à donner au gouvernement le moyen de les empêcher.

Nous proposons donc une légère modification de la législation militaire et quelques textes plus précis sur le délit professionnel en ce qui concerne les règlements de chemins de fer.

SECTION I. — *Modification de la législation militaire.*

Pour rendre les grèves impossibles dans le service des chemins de fer, il suffirait que le gouvernement pût, en toute circonstance, mettre les voies ferrées et leur personnel sous l'autorité du ministre de la guerre. Dépouillant instantanément leur qualité d'agents d'une société industrielle, les employés seraient en même temps investis d'une mission militaire et seraient soumis aux lois de l'armée, comme en cas de mobilisation générale. Dès lors, le sentiment du devoir ne pourrait qu'être raffermi dans le cœur des hésitants, et ceux qui seraient disposés à prêter aux sollicitations des meneurs une oreille trop accueillante, calculant les conséquences d'un refus de service qui serait qualifié de désertion, repousseraient ces dangereux conseils.

Le système que nous proposons ici, n'est nullement en contradiction avec la conception actuelle du rôle de l'armée en temps de paix et les esprits les plus libéraux y ont vu la solution du problème qui nous préoccupe. M. Bourgeois, dont le ministère avait retiré le projet de loi de M. Trarieux, ne disait-il pas en combattant ce projet devant le Sénat (1), que toutes les mesures répressives seraient superflues et que l'on serait à l'abri de toute inquiétude avec une loi permettant de réquisitionner les chemins de fer en temps de paix ?

Il suffirait en effet d'une légère modification aux textes dont nous avons démontré l'insuffisance pour les adapter à tous les besoins.

1. Séance du 4 février 1892.

§ 1. — Droit de réquisition.

Mais ce n'est pas à la loi sur les réquisitions militaires du 27 décembre 1888 que l'amélioration doit être apportée, et, en ceci, le vœu exprimé par M. Bourgeois manque de précision et d'exactitude. L'autorité militaire a le droit de réquisitionner les chemins de fer et leur personnel en tout temps, en cas d'urgence, ainsi que tous les moyens de transport, de communication et de ravitaillement, conformément à la loi du 3 juillet 1877, au décret du 2 août suivant, à la loi du 5 mars 1890 et au décret du 3 juin suivant. Le droit de réquisition est, il est vrai, subordonné au cas de mobilisation générale ou partielle, ou de rassemblement de troupes, mais ces expressions sont assez larges pour embrasser tous les cas possibles, car quand peut-on dire qu'il n'y a pas *rassemblement de troupes?* C'est donc sur un autre point que porte notre critique.

Nous voulons faire remarquer que ce serait fausser complètement le caractère du droit de réquisition, que d'en faire pour les citoyens autre chose qu'une obligation civile, et nous entendons le mot *civil* par opposition au mot *militaire*.

Quelles sont, en effet, les pénalités qui servent de sanction à cette obligation ? On lit à l'article 21, paragraphe 3 de la loi du 3 juillet 1877 : « En temps de paix, quiconque abandonne le service pour lequel il est requis « personnellement est passible d'une amende de 16 à 50 « francs », et si l'on rapproche ce paragraphe du paragraphe suivant du même article, on voit que la compétence de cette infraction est attribuée aux tribunaux ordinaires.

Il faudrait donc bouleverser notre législation dans ses parties essentielles pour faire du droit de réquisition une obligation militaire sanctionnée par le code militaire, applicable aux employés de chemins de fer. Tel qu'il est, le droit de réquisition ne permet d'infliger à ces agents, en cas de refus de service, qu'une amende insignifiante, et il serait difficile de le réformer de telle sorte qu'il remplît le but que nous poursuivons.

§ 2. — Modification de la loi sur le recrutement de l'armée.

Notre but, puisqu'enfin nous l'avons circonscrit dans des limites précises, c'est de permettre au gouvernement de mobiliser le personnel des chemins de fer sans qu'il soit nécessaire de mobiliser toute l'armée. Il suffirait pour cela d'une légère addition à l'article 48 de la loi sur le recrutement de l'armée et cette addition pourrait être conçue en ces termes.

« Un décret peut mobiliser en temps de paix le per-
« sonnel des chemins de fer, sur un ou plusieurs réseaux,
« dans les conditions déterminées par la loi du 28 dé-
« cembre 1888 ».

Il résulterait de ce texte que tous les agents, même ceux qui ne sont pas déclarés non-disponibles par l'article 51 de la loi du 15 juillet 1889 seraient, en temps de paix aussi bien qu'en temps de mobilisation générale, à la disposition du ministre de la guerre.

Cependant, dans cette voie, il reste une lacune à combler. Nous avons fait remarquer que les employés de chemins de fer rejoignent leur corps en cas de mobilisation, sauf, bien entendu, les non disponibles et que de ce fait les voies ferrées seraient privées du concours d'un grand nombre d'agents dont la présence serait plus nécessaire dans les gares qu'utile dans les rangs de l'armée (1).

Nous verrions donc sans déplaisir généraliser le système ébauché par l'article 51 de la loi du 15 juillet 1888 complété par les tableaux A et B. Les agents de chemins de fer devraient être placés dans la non-disponibilité de l'armée, non pas six mois après leur entrée à la Compagnie, mais du jour même de leur emploi et aucune distinction ne devrait être faite entre les agents permanents ou non-permanents, car les uns et les autres sont nécessaires à l'exploitation des voies ferrées. Que si l'on estime que ce système permettrait d'esquiver trop aisément les périodes d'instruction militaire en s'engageant pour quelques semaines ou quelques mois au service d'une compagnie, rien ne s'oppose à ce qu'on en restreigne les effets par la disposition suivante :

« Les hommes placés dans la non-disponibilité de l'ar-
« mée à raison de leur emploi dans les chemins de fer qui

1. Il est évident que cette observation ne s'applique pas aux agents de l'administration centrale, du contentieux et du service des titres, qui seront plus utiles, en temps de guerre, à l'armée que dans les bureaux.

« seraient convoqués pour une période d'instruction mili-
« taire, accompliront cette période lorsque leur non-
« disponibilité prendra fin, à moins qu'ils ne soient restés
« dans cette position pendant trois années après la date
« de leur convocation ».

Les réformes que nous proposons ont ainsi un double avantage ; elles préviennent les coalitions en temps de paix et elles conservent aux compagnies de chemins de fer, en cas de mobilisation générale ou de guerre, toutes les ressources en homme qui leur sont nécessaires pour remplir le rôle qui leur incombe dans la défense du pays.

Section II. — *Le délit professionnel.*

Dans le système que nous exposons, la mobilisation des voies ferrées ne serait que le moyen suprême pour enrayer la coalition. Avant qu'un conflit éclate entre les patrons et les travailleurs, il y a toujours une période d'agitation et le gouvernement, on peut en être certain, hésitera à mobiliser tant que l'horizon offrira la moindre lueur d'espoir. Mais si ses calculs sont faux et ses prévisions démenties, si des grèves partielles éclatent inopinément, il faut que le gouvernement ait en main les moyens de réprimer les premières infractions, moyens qui n'existent que d'une manière incomplète dans l'état actuel de notre législation.

Nous voudrions voir élargir la définition du délit professionnel de façon à englober non seulement le mécanicien, le garde-freins et l'aiguilleur, mais tous les agents qui, en abandonnant leur poste ou en violant un règlement, mettent la vie humaine en péril.

Section III. — *Délits de presse, provocation à la grève.*

Il était difficile de trancher le point de savoir de quelle manière réprimer les délits de presse et de provocation à la grève avant de savoir comment combattre le fait même de coalition. Le système que nous proposons vis-à-vis du fait principal porte en lui-même, par voie de corollaire, la réponse à cette question et nous ne voyons pas qu'il y ait lieu de rien ajouter de plus aux lois existantes, si l'on admet les réformes que nous avons demandées.

En effet, dès que la mobilisation des chemins de fer aura été prononcée par décret, toute provocation à la coalition pourra être poursuivie en vertu de l'article 25 de la loi du 29 juillet 1881. Cet article punit d'un emprisonnement de un à six mois toute provocation adressée par voie de discours, cris, menaces, écrits mis en vente (livres et journaux), placards ou affiches « à des militaires des armées « de terre ou de mer dans le but de les détourner de « leurs devoirs militaires et de l'obéissance qu'ils doivent « à leurs chefs dans tout ce qu'ils leur commandent pour « l'exécution des lois et règlements militaires ».

Ce texte ne serait pas applicable si on ne donnait au gouvernement qu'un droit de réquisition sur les chemins de fer, car, nous le répétons, les personnes dont le service est requisitionné ne deviennent pas militaires et restent soumis, en temps de paix, à la juridiction civile. Au contraire, si nous donnons au gouvernement le droit non plus de réquisitionner, mais de mobiliser le personnel des voies ferrées, il est indéniable que celui-ci, étant désormais soumis aux obligations militaires et au code pénal de l'armée, rentre dans la qualification de militaires donnée par l'article que nous venons de citer.

Mais plaçons-nous dans l'autre hypothèse que nous avons examinée, c'est-à-dire lorsque les chemins de fer n'ont pas été mobilisés. Supposons que, par des discours, affiches ou articles de journaux, des orateurs ou des écrivains excitent les employés à l'abandon de leurs devoirs, l'article 24 de la loi du 29 juillet 1881 nous permettra de poursuivre, non seulement les provocations adressées aux mécaniciens, garde-freins ou aiguilleurs, mais les excitations à toutes les infractions comprises dans notre définition du délit professionnel.

La législation, modifiée selon le plan de réformes que nous concevons, nous semble pourvoir aux nécessités les plus urgentes, concilier les intérêts en présence et ménager les droits acquis dans ce qu'ils ont de respectable. Nous donnons à l'Etat la sécurité absolue au point de vue militaire et au point de vue de l'ordre intérieur contre les embarras causés par une grève de chemins de fer, en lui permettant de mettre la main sur le personnel lorsqu'il le juge nécessaire. Qu'on ne nous dise pas que c'est donner au gouvernement un pouvoir exorbitant ; le droit de mobiliser les chemins de fer n'est pas plus excessif que celui de mobiliser les fractions de réserve de l'armée en dehors des convocations régulières. Or, on ne peut nier que les employés de chemins de fer appartiennent aussi aux fractions de réserve de l'armée, puisqu'en cas de guerre et de mobilisation générale ils sont tous, même les vieillards, les étrangers et les femmes, à la disposition du Ministre de la guerre et assimilés, au point de vue de l'obéissance et de la juridiction, aux soldats des régiments.

Nous laissons aux employés droit de se syndiquer pour l'étude et la défense de leurs ntérêts corporatifs et nous ne restreignons la liberté de la presse que dans la mesure où c'est indispensable pour le respect des lois. Nous avons eu recours au système des peines répressives dans les cas où il importe de protéger la sécurité du public, mais c'est surtout au système préventif que nous donnons notre confiance comme le plus rapide, le plus efficace, sinon le plus libéral.

CHAPITRE IV

ARBITRAGE ET CONCILIATION

Section I. — *Le principe des compensations.*

En enlevant aux employés de chemins de fer le droit de coalition et en les plaçant ainsi dans une situation désavantageuse par rappport aux ouvriers des autres corporations, en leur infligeant une sorte de *capitis deminutio*, suivant l'expression de M. Bourgeois (1), ne contracte-t-on pas envers eux l'obligation de leur accorder quelques avantages pour les indemniser de ceux qu'on leur ravit ? Des auteurs dont le talent et les idées sont des plus respectables et, parmi eux, un de nos maîtres (2), ont pensé que si l'on croyait devoir interdire à une catégorie de travailleurs le droit de discuter librement les conditions de leur travail par les mêmes moyens que leurs camarades de l'industrie privée on s'obligerait par là-même à leur donner en échange quelques garanties. C'est dans cet esprit que M. Géry-Legrand proposa au

1. Discours de M. Bourgeois au Sénat, 4 février 1893.

2. M. Jay, *Cours de législation industrielle*, 1896-97 : « Il est certain que, si l'intérêt général est en jeu, mais cela me parait douteux... »

projet de loi de M. Trarieux, lorsqu'il fut discuté au sénat, l'amendement suivant :

« Les ouvriers... des chemins de fer doivent être com-
« missionnés et ont droit à un avancement normal et à
« une retraite assurée (1) ». Cet amendement fut repoussé par la commission.

Le 16 juillet 1894, M. l'abbé Lemire proposa de déterminer l'état des ouvriers des chemins de fer :

1° Les règlements relatifs au personnel stable des chemins de fer seront soumis au contrôle des pouvoirs publics ;

2° Les ouvriers bénéficiant de ces faveurs ne jouiront pas du droit de grève.

Nous avons montré combien la dénomination de *personnel stable* manque de précision, et nous croyons inutile de répéter pourquoi nous n'admettons pas de distinction entre le personnel stable et non stable des compagnies au point de vue de la coalition. Ces réserves faites, le projet de M. l'abbé Lemire mérite quelque attention. En vertu de l'article 60 de l'ordonnance du 15 novembre 1846 (2), les compagnies doivent soumettre à l'approbation du ministre des travaux publics « leurs règlements relatifs au service et à l'exploitation ». Ces règlements sont, non-seulement approuvés, mais contrôlés. L'article 9 de l'arrêté ministériel du 20 mai 1893 (3) dispose : « Les contrô-
« leurs du travail sont chargés de surveiller l'exécution

1. Sénat, séance du 4 février 1896.

2. Voyez aussi la circulaire Min. du 31 décembre 1846 (Palaa. *Dict. des Ch. de fer*, II, p. 551, v° Règlements).

3. Palaa *Supp. gén.* 1894, v° Contrôle, p. 70.

« des règlements, arrêtés et décisions sur la durée et les « conditions du travail des agents des chemins de fer ».

Mais, en dehors des règlements, les agents sont aussi soumis aux *ordres de service* des compagnies. A ce sujet, un avis du Comité de l'exploitation technique des chemins de fer, approuvé par une décision ministérielle du 15 mai 1880 (1), s'exprime ainsi : « Les mesures particu- « lières prises par les compagnies en application des « règlements ou ordres de service généraux déjà approu- « vés, ne doivent pas être soumises individuellement à « l'approbation ministérielle. Il suffit qu'elles soient com- « muniquées au contrôle, et c'est dans le cas seulement « où il y aurait désaccord entre le contrôle et la compa- « gnie au sujet de l'application des règlements généraux, « aussi bien que dans celui où une dérogation à ces rè- « glements serait demandée, qu'il y aurait lieu d'en réfé- « rer au ministre ». Enfin, aux termes de cette circulaire, « les Compagnies devront prendre l'initiative de la demande « d'approbation pour les règlements particuliers ou con- « signes locales qui, en vertu de l'avis du comité, doivent « être revêtus de cette approbation ».

Mais ces ordres de services ne sont pas soumis au contrôle ; l'article 9 de l'arrêté ministériel du 20 mai 1893 ne mentionne comme soumis au contrôle que les règlements, arrêtés et décisions.

Quelle que soit, du reste, la valeur de ces projets, nous hésitons à nous placer exactement au même point de vue que leurs auteurs. En admettant que le droit de coalition

1. Palaa. *Dict. des ch. de fer*, II, p. 552, v_o règlements.

soit réellement un avantage pour les ouvriers des voies ferrées, ce qui est contestable, puisque les grévistes sont souvent les seules victimes du conflit, la société est-elle, en définitive, la créancière ou la débitrice de ces nombreux travailleurs ? S'il était prouvé que les employés de chemins de fer ont déjà une situation privilégiée par rapport à ceux des industries privées au point de vue des salaires, de l'avancement, des retraites, de l'assistance, des heures de travail, du risque de chômage, etc., ne pourrait-on pas soutenir que cette situation justifie précisément le surcroît de discipline que l'on exige d'eux (1)? Nous n'entreprendrons pas de discuter pied-à-pied toutes les revendications formulées dans les congrès et les programmes des syndicats, mais il ne faut pas oublier que la plupart des réformes réclamées ont déjà été réalisées par la voie législative ou par les compagnies elles-mêmes.

La loi du 27 décembre 1890 a donné une sanction à la résiliation du contrat de louage fait sans durée déterminée en permettant aux tribunaux d'apprécier toutes les circonstances qui peuvent justifier l'existence du préjudice et en déterminer l'étendue ; l'article 2 de la même loi a obligé les Compagnies de chemins de fer à soumettre les statuts et règlements de leurs caisses de retraites et de secours à l'homologation ministérielle. Citons aussi la loi du 9 avril 1898 (2), sur les accidents du travail, quoique

1. Voyez : E. Dufour et E. Armand. *Les agents de chemins de fer et les employés de l'industrie privée. Etude sociale comparative* (Dentu. 1893). M. Noblemaire, *Les Institutions patronales dans les Compagnies de chemins de fer* (*La Réforme sociale*, 15 juin 1890.)

2. *Journal Officiel*, 10 avril 1898.

cette loi soit si imparfaite qu'elle ne pourra pas être appliquée sans d'importantes modifications. Bien que ces lois soient, pour la plupart, communes aux ouvriers de toutes les professions, elles donnent satisfaction aux vœux le plus souvent exprimés par les employés des chemins de fer et doivent être, si l'on met en balance les obligations respectives de ces ouvriers et de la société, portées à l'actif de cette dernière.

Au surplus, il nous apparaît qu'en présence de sa mission sociale et de la sauvegarde des intérêts qui lui sont confiés, l'État ne doit pas hésiter à restreindre les libertés qui compromettent sa sécurité extérieure ou intérieure. *Neminem lædit qui suo jure utitur*, dit un vieil adage; à plus forte raison l'État ne lèse-t-il personne lorsqu'en usant de son droit il accomplit un devoir.

Que si, du reste, nous n'admettons pas d'une manière absolue que la suppression du droit de coalition aux employés de chemins de fer donne droit à ces employés à une législation plus favorable sur les autres points, en revanche, nous reconnaissons que cette suppression peut laisser certains conflits sans issue rationnelle; aussi croyons-nous utile de jeter un coup d'œil sur l'arbitrage et la conciliation. Il faut examiner cette question suivant deux points de vues: les conflits individuels et les conflits collectifs. Les premiers sont ceux qui peuvent s'élever entre une compagnie et un de ses agents au sujet d'une révocation, d'une descente de classe, d'une liquidation de salaires ou d'un accident; les seconds sont ceux qui s'élèvent entre une compagnie et une catégorie d'employés au sujet des conditions et des règles du travail et de la discipline en général. Les premiers, aussi bien que les seconds, sont liés à la question des grèves, car avec la théorie de la solidarité ouvrière, un conflit personnel peut s'envenimer et devenir le prétexte d'hostilités collectives. Les uns et les autres, du reste sont les seules causes concevables des coalitions, et la question de la grève serait résolue pour toujours si l'on possédait un moyen rapide et équitable de mettre fin à ces différends.

Section II. — *Conflits individuels.*

Pour les conflits individuels nous distinguerons encore deux cas, suivant que l'employé est encore en service ou qu'il n'appartient plus à la Compagnie par suite de démission, congédiement, révocation ou décès.

§ 1. — *L'employé est encore en service.*

Tant que l'employé est au service d'une compagnie, on ne peut pas admettre qu'il s'adresse aux tribunaux judiciaires pour obtenir satisfaction ; les formalités de la procédure sont incompatibles avec le maintien de la discipline et les règles de la hiérarchie. Si donc un agent se plaint d'une injustice : mesure disciplinaire, punition, salaires mal calculés, n'aura-t-il aucune voie de recours contre les décisions de ses chefs en restant au service de la compagnie ?

A. — *Conseil de prud'hommes.*

On a songé à mettre les conseils de prud'hommes à la portée des employés de chemins de fer (1), afin de faire trancher les différends par des juges appartenant au métier et possédant les connaissances techniques indispensables, le tout dans des formes de procédure rapides et économiques. Le 9 février 1872, MM. de Janzé et Raoul Duval déposèrent à l'Assemblée Nationale un projet tendant à l'établissement à Paris d'une cinquième section du conseil des prud'hommes, ayant pour mission de statuer sur les différends qui s'élèvent entre les Compagnies et leurs ouvriers. Sur le rapport de M. Bastid, la proposition fut repoussée. Le 3 août 1874, MM. Cazot, Tolain, Gambetta, Rouvier, Tirard et Goblet proposèrent de créer à cet effet une section des *métaux* dans les conseils qui en seraient dépourvus. L'Assemblée se sépara sans avoir statué. Le 23 mai 1876, la proposition fut reprise par M. Germain Casse et elle fut prise en considération par la Chambre le 15 mars 1879. Le 2 juin 1887 M. Lockroy proposa à la Chambre et fit voter la création de prud'hommes commerciaux qui seraient compétents pour les agents de chemins de fer; cette proposition fut repoussée par le Sénat le 28 février 1889.

L'attribution des litiges entre compagnies et ouvriers de chemins de fer aux conseils de prud'hommes aurait plus d'inconvénients que d'avantages et nous comprenons fort bien que nos législateurs aient refusé d'entrer dans cette voie. En multipliant les juridictions de métiers, que notre droit intermédiaire avait résolument supprimées, on risque

1. Voyez : Thévenez. *Les ouvriers des chemins de fer et la législation du travail*, thèse pour le doctorat. Paris 1897.

de perdre en impartialité et en connaissances juridiques ce que l'on espèce gagner du côté des connaissances techniques et de l'équité. De plus, cette juridiction ne répondrait nullement aux conditions spéciales où se trouvent les employés de chemins de fer. Ces ouvriers sont disséminés sur de vastes espaces et le conseil des prud'hommes, siégeant dans une grande ville, ne leur serait guère accessible ; or une des raisons d'être de ces tribunaux est précisément de mettre le juge à la porte de l'usine ou de l'atelier, sous la main des justiciables. Enfin il est mpossible de méconnaître la perturbation que jetterait dans le service le retour périodique des élections de prud'hommes. En ce qui concerne la liste des électeurs patrons, les compagnies ont désigné en 1888, sur la demande du Ministre des Travaux Publics, les chefs de services et administrateurs qui en feraient partie si le projet de loi était voté ; mais conçoit-on les intrigues, les compromissions et les manœuvres auxquelles devraient se livrer les candidats pour obtenir les suffrages du personnel inférieur, et la politique entrant dans la hiérarchie sous forme de polémiques de réunions publiques et de journaux locaux ?

B. — *Tribunal arbitral.*

Le 15 janvier 1880, M. de Janzé proposa à la Chambre des députés que les contestations entre les compagnies et leurs agents fussent portées devant un tribunal siégeant au chef-lieu de canton et composé du juge de paix et de deux arbitres-juges nommés par chacune des parties. Ce tribunal serait compétent sur les litiges en matière de louage de service et pourrait statuer en dernier ressort jusqu'à 1500 francs. L'appel serait porté devant le tribunal de commerce. Le projet fut repoussé le 3 mars 1888.

Le 26 février 1882, MM. Raynal et Waldeck-Rousseau demandèrent que les litiges concernant la révocation et la descente de classe fussent portés devant le juge de paix qui statuerait en dernier ressort jusqu'à 1.500 francs. De son côté M. de Janzé reprit sa proposition. Mais la Chambre, après de longs débats (1) vota un amendement de MM. de Sommières et Bovier-Lapierre décidant que les litiges en question seraient portés devant les tribunaux ordinaires et jugés comme matières sommaires. Cette proposition fut repoussée par le Sénat.

Les projets qui précèdent étaient peu en harmonie avec les principes généraux de la compétence. Donner au juge de paix le droit de statuer en dernier ressort jusqu'à 1.500 francs, instituer le tribunal de commerce tribunal d'appel par rapport à un tribunal de l'ordre civil, c'était s'affranchir bien légèrement des règles fondamentales de la procédure et de la séparation des juridictions. Enfin, comme l'avait fait remarquer M. Margue, rapporteur du projet de Janzé, les deux arbitres adjoints au juge de paix étaient une garantie illusoire, car il était certain que chacun de ces arbitres se transformerait en avocat de la partie qui l'aurait nommé, et le juge de paix resterait toujours juge unique.

1. *Journal officiel*. Déb. parl., 27 et 28 juin ; 20 et 22 décembre 1882.

C. — *Pragmatique de service.*

Nous avons vu plus haut que les cheminots suisses réclamaient en 1896 la constitution d'un tribunal arbitral qui aurait à se prononcer sur tous les conflits survenant entre eux et les Compagnies, en particulier en cas de renvoi. Ce tribunal devait être composé d'un nombre égal de délégués des Compagnies et des ouvriers ; le président aurait été désigné par la Compagnie, mais n'aurait pas eu le droit de vote. Toutes les fois que les voix se seraient partagées également, le conflit aurait été condéré comme tranché en faveur de l'employé. Les décisions seraient obligatoires pour les deux parties. (1)

Ainsi présentée, cette *revendication* n'était pas discutable ; il est évident, en effet, que les délégués ouvriers se considéreraient tous comme investis du mandat impératif d'opiner en faveur de l'employé et que, du reste, ils seraient choisis en conséquence. Le tribunal arbitral serait donc toujours partagé et les Compagnies toujours condamnées.

Le projet fut mis au point par M. Greulich, placé à la tête du secrétariat ouvrier suisse. M. Greulich demandait que chaque catégorie d'employés nommât une commission. Celle-ci aurait le droit d'émettre un préavis sur toutes les demandes de renvoi ou de mesures disciplinaires qui seraient adressées à la direction par les chefs de service contre un employé. *Il laissait à la Direction le droit*

1. Musée Social. Circulaire n° 8, série B, page 179.

de décider en dernier ressort si le renvoi ou la mesure disciplinaire devaient être prononcés. (1)

Il existe peut-être des pays où une institution de ce genre serait de quelque utilité.

§ 2. — *L'employé n'est plus en service.*

Lorsque l'employé n'est plus en service, quels sont les tribunaux compétents pour statuer sur les litiges relatifs au contrat de louage ?

Aux termes de l'article 5 de la loi du 25 mai 1838, les juges de paix connaissent sans appel, jusqu'à la valeur de 100 francs et, à charge d'appel, à quelque valeur que la demande puisse s'élever « des contestations relati-
« ves aux engagements respectifs des gens de travail au
« jour, au mois et à l'année, et de ceux qui les em-
« ploient ».

Mais l'article 632 du code de commerce répute acte de commerce toute entreprise de transport par terre ou par eau et l'article 631 du même Code attribue aux tribunaux de commerce la compétence de toutes contestations relatives aux actes de commerce. Ce texte, n'enlève-t-il pas aux tribunaux civils la compétence des litiges qui s'élèvent entre les Compagnies de chemins de fer et leurs employés ?

Le tribunal de commerce de Nice l'a pensé (30 mai 1870, Lamé-Fleury, *Bulletin des chemins de fer*, 1871,

1. Musée social, *loc. cit.* p. 185.

page 250), et constatant que « les contestations entre « commis et patrons sont de la compétence commer- « ciale », a retenu et jugé un litige de ce genre.

Le principe ainsi formulé nous semble trop absolu, et nous préférons le dispositif d'un arrêt de la Cour de Paris du 27 juin 1870 (Lamé-Fleury, *op. cit.*, 1870, page 264). La Cour, considérant :

« Que les engagements pris par un commerçant envers « ses employés, à raison de leur collaboration, se ratta- « chent à l'exercice de son industrie et constituent par « suite, de sa part, un acte de commerce ; mais que les « obligations consenties vis-à-vis du commerçant par « l'employé qui loue simplement ses services, ont au « contraire un caractère purement civil,

Décide :

« Que le non-commerçant qui a traité avec un com- « merçant peut assigner à son choix ce dernier soit de- « vant le tribunal de commerce, soit devant le tribunal « civil pour l'exécution des conventions qui les lient ».

Il faut donc en conclure que les employés ont le choix entre le tribunal de commerce et le juge de paix ou le tribunal civil.

Dans ces conditions, nous sommes d'avis que la création de tribunaux arbitraux, de conseils de prud'hommes ou de juges de paix à compétence étendue, serait, même en faisant abstraction des inconvénients inhérents à leur institution, d'une utilité contestable.

Section III. — *Conflits collectifs.*

Les conflits individuels deviennent souvent collectifs, lorsqu'un certain nombre d'ouvriers prennent fait et cause pour un de leurs camarades, à l'occasion d'un renvoi, par exemple. C'est le premier effet de la solidarité. Ils doivent alors être traités comme les conflits qui, dès leur origine, intéressaient la totalité ou une fraction nombreuse du personnel.

Ce sont naturellement ces conflits qui donnent naissance aux coalitions et aux grèves et la plupart des législations se sont inquiétées de les apaiser au moyen d'organes de conciliation et d'arbitrage.

§ 1. — *Lois sur l'arbitrage en général.*

En France la conciliation et l'arbitrage sont organisés par loi du 27 décembre 1892.

Dès que la grève est déclarée, le juge de paix du canton peut prendre l'initiative de convoquer les parties et de les inviter à se concilier devant lui ou à nommer des arbitres chargés de rendre une sentence arbitrale.

Mais tant que la grève n'est pas déclarée, l'initiative de ces démarches est laissée aux parties intéressées elles-mêmes. Il est difficile de découvrir la raison de cette différence. Nous lisons dans la circulaire du 18 février 1893 du ministre de la justice aux Procureurs généraux sur l'application de la loi sur l'arbitrage le passage suivant : « A ce moment, (lorsque la grève a éclaté) les patrons « comme les ouvriers, les ouvriers comme les patrons, « soit par amour-propre, soit par tactique, soit par un

« sentiment exagéré de leur droit, hésiteront à pren-
« dre l'initiative d'une demande d'arbitrage. Il convient « donc que le représentant de la justice tende la main « aux uns et aux autres, pour les inviter à un accord « que, peut-être, tous deux désirent secrètement. En « allant au-devant d'eux, le juge de paix leur épargnera « l'épreuxe pénible de la première démarche (1). » Ces raisons tirées de l'état d'esprit des parties en présence nous confirment dans notre opinion, car cet état d'esprit est sensiblement le même la veille de la grève que le lendemain.

Enfin, lors même que les parties se sont entendues pour nommer des arbitres, la sentence arbitrale n'est pas obligatoire et elle ne vaut, suivant des expressions que nous empruntons au même document, « que dans la me- « sure où ceux qui l'auront rendue auront la confiance « des parties intéressées. »

§ 2. — *Lois sur l'arbitrage spéciales aux chemins de fer.*

Nous ne connaissons qu'une seule loi sur l'arbitrage, spécialement aux compagnies de transport. Cette loi a été votée aux Etats-Unis le 1er octobre 1888 (chapitre 1063 du Congrès) (2).

1. *De la conciliation et de l'arbitrage dans les conflits collectifs entre patrons et ouvriers, page 599.* (*Office du travail.* Imprimerie nationale, 1893).

2. *De la conciliation et de l'arbitrage*, etc. (*op. cit.*), page 411.

Article 1er. — « Lorsqu'il s'élèvera, entre des compa-« gnies de chemins de fer... et leurs employés, des diffé-« rends de nature à arrêter, troubler ou interrompre les « transports, *si l'une des parties fait la proposition* « *écrite* de soumettre le différend à l'arbitrage et *que la* « *partie adverse l'accepte*, alors la compagnie nommera « une personne, le ou les employés, selon le cas, une « autre personne et ces deux personnes ainsi nommées « en choisiront une troisième... Ces trois personnes for-« meront le conseil d'arbitrage. »

Ce conseil a les pouvoirs d'un tribunal : faire prêter serment, assigner les témoins, etc. (art. 2) ; l'examen de l'affaire une fois terminé, il prononce sa décision en public et l'envoie au commissaire du travail des Etats-Unis (art. 3). Ce fonctionnaire peut être chargé soit par le président du tribunal arbitral, soit à la requête du pouvoir exécutif de l'Etat, de se rendre sur les lieux, de faire une enquête et de rendre lui-même une décision écrite (art. 6 et 8).

Quoique la loi ne le dise pas expressément, il résulte de sa teneur que la sentence est obligatoire.

Section IV. — *L'intervention législative.*

On voit ainsi les difficultés qui se présentent pour appliquer l'arbitrage aux différends collectifs qui s'élèvent entre les compagnies de chemins de fer et leur personnel.

Nous écartons l'institution de l'arbitrage obligatoire seulement après que la grève a éclaté, comme incompatible avec notre système. Nous avons posé en principe que les grèves de chemins de fer ne doivent pas être tolérées, c'est donc avant, et non pas après la cessation du travail que l'on doit songer à concilier les parties.

Quant à l'arbitrage avant la grève, il ne faut pas s'en exagérer l'efficacité. En effet, ou bien la loi donnera à la sentence un caractère obligatoire ou bien elle ne lui donnera qu'une autorité morale. Lors même que la tentative de conciliation sera obligatoire, si la sentence ne l'est pas, la partie qui se sera prêtée de mauvaise grâce aux négociations ne respectera la décision que dans la mesure où elle s'y croira forcée par les circonstances. D'autre part, si on rend l'arbitrage obligatoire et que l'on donne à la sentence l'autorité d'un jugement, on tombe dans un excès opposé qui n'a pas de moindres inconvénients. Confier à un tribunal improvisé, pour respectables que soient les membres dont il est composé, la mission de trancher des différends qui portent sur les conditions d'existence de milliers d'individus et qui mettent en question les plus graves problèmes d'économie politique et sociale, c'est entrer dans une voie hasardeuse. Ce que les tribunaux ordinaires n'ont pas le droit de faire, avec toute l'autorité dont ils sont investis, avec les garanties que les parties sont assurées de trouver dans les règles de formes, de délais et de procédure, nous croyons qu'il serait imprudent d'une part, et d'autre part menaçant pour la liberté des conventions et l'indépendance de la propriété, d'en donner le pouvoir à des arbitres.

Est-ce à dire que nous renonçons à intervenir dans ces conflits et que nous nous bornons à placer le personnel des voies ferrées dans l'impossibilité de faire entendre ses plaintes et de conquérir par la lutte industrielle une amélioration de son sort? Est-ce à dire que nous réservons toute la protection des lois aux Compagnies et toute leur rigueur aux agents ?

Non, certes, et la constitution de notre société nous permet de sortir de cette impasse. Au législateur souverain appartiennent le droit et le pouvoir de soumettre le contrat de travail aux modalités qui lui paraissent nécessaires pour maintenir l'harmonie dans le pays. Bien des améliorations ont déjà été apportées par ce moyen à l'existence des classes laborieuses et le personnel des chemins de fer en a profité dans une large mesure.

Les faits que nous avons analysés montrent que les mouvements de grève qui ont éclos dans les chemins de fer français ne présentent rien de spontané. L'employé de chemins de fer remplit loyalement et fidèlement ses devoirs ; son sort est acceptable et il le trouverait tel s'il ne subissait parfois les excitations artificielles de quelques organisations corporatives et s'il n'était pas ébranlé par l'exemple contagieux des grèves si fréquentes dans les autres métiers. L'agitation que l'on a vue quelquefois dans nos chemins de fer prendre une forme aiguë et toujours locale, disparaîtrait pour toujours si ces causes extérieures cessaient de sévir. Si toutes les corporations étaient aussi favorisées que celle à laquelle nous avons consacré cette étude, il deviendrait inutile de se prémunir contre les grèves, car, ni dans les chemins de fer, ni dans les autres professions, personne n'en aurait plus le désir.

La concorde et la paix sont nécessaires à la prospérité

et à l'indépendance des peuples et chacun doit s'y employer dans son rayon d'action. Lorsqu'une nation a pris pour devise : *Liberté, Egalité, Fraternité*, elle doit précisément éviter ce reproche, que le Dante adressait à d'autres républicains : « *Orgueil, Ambition, Egoïsme,* « voilà les trois étincelles qui ont embrasé vos cœurs ».

Superbia, invidia ed avarizia sono
Le tre faville ch'anno i cuori accesi (1).

1. *Inf.* VI, 74.

Vu : le président de la thèse
RAOUL JAY

Vu par le Doyen,
GARSONNET

Vu et permis d'imprimer,
Le Vice-Recteur de l'Académie de Pari
GRÉARD

BIBLIOGRAPHIE

I. — Documents officiels.

Le Moniteur de l'Empire Français, Voyez notamment, 30 avril et 13-29 mai 1864.

Journal Officiel de la République Française. V. notamment les années 1882, 1890, 1894, 1896, 1898.

Bulletin de l'Office du Travail, 1897, 1898, 1899.

Annuaire des Syndicats Professionnels (Publication de l'Office du Travail), 1897.

De la Conciliation et de l'arbitrage dans les conflits collectifs entre patrons et ouvriers, en France et à l'Etranger (Publication de l'Office du Travail), 1893, p. 361, 367, 411, 599.

Gazzetta Ufficiale del Regno d'Italia, 26 septembre 1898.

Annual Reports of the commissioner of Labor. Strikes and Lockouts, Washington. Voyez notamment le *third annual report*, 1887.

Report on the Chicago Strike, by the U.-S. Strike-commissioner. Washington, 1895.

Carl Stooss. — *Les Codes pénaux suisses*, Bâle et Genève, 1890.

II. — Jurisprudence.

La Loi, quotidien, 9 rue de la Ste Chapelle, Paris, 13 août 1893, 16 février 1893, 21 juillet 1893.

Journal du Palais, Lois, Décrets, etc., 1854, p. 222 ; 1864, p. 51.

Le Droit, quotidien, 24, place Dauphine, Paris, 27 octobre 1893.

La Gazette du Palais, 1892, 1 supp. 25 ; 1894, 2, 235.

Pandectes françaises.

PALAA. — *Dictionnaire des chemins de fer.* V Contrôle et surveillance, Agents des compagnies, etc.

DALLOZ. — *Répertoire et Supplément.* Vis Voiture publique.Force majeure.

DALLOZ. — *Périodique*, 1855. 1. 9. — 1877. 3. 81. — 1888. 3. 69. — 1891. 3. 24.

LAMÉ-FLEURY. — *Code annoté des chemins de fer*, 1868, pages 157 et 399.

Bulletin des chemins de fer, années 1870, 1871, 1874, 1880, 1885, 1887, 1889, 1890, 1893.

La Gazette des Tribunaux, quot. 3, boul. du Palais, Paris, 19 février 1892.

III. — Ouvrages divers.

CASSIODORE. — *Opera omnia*, lib. 3, ép. 10 ; lib.4, ép. 47 ; lib.5, ép. 5.

MONTAIGNE. — *Essais*, liv, II, chap. XXII. *Des Postes.*

LEQUIEN DE LA NEUFVILLE.— *Origines et Usages des Postes*, Paris, 1715.

SERRIGNY. — *Droit public et administratif romain*, n°s 955, 964, 1088, 1112, etc.

R. JAY. — *Cours de Législation Industrielle*, 1896-1897.

PAUL-DUBOIS. — *Les chemins de fer aux Etats-Unis*, Paris, 1896.

G. NOBLEMAIRE. — *Les Institutions patronales dans les Compagnies de chemins de fer* (Extrait de la *Réforme sociale*, 19 juin 1890).

E. DUFOUR et E. ARMAND. — *Les Agents des chemins de fer et les employés de l'industrie privée, étude sociale comparative*, Paris, 1893.

BERGERON. — *Du droit des syndicats professionnels d'ester en justice*, thèse pour le doctorat, Paris, 1898.

GALISSET. — *Corps du droit français*, Paris, 1829, tome I, 2e partie.

LEVASSEUR. — *Histoire des classes ouvrières en France*, tome II.

VILLARD. — *Les Grèves*, Paris, 1891.

J. FERRAND. — *De la résiliation du louage de services à durée indéterminée*. Thèse pour le doctorat, Paris, 1897.

THÉVENEZ. — *Les ouvriers des chemins de fer et la législation du travail*, thèse pour le doctorat, Paris, 1897.

H. GIRARD et F. PELLOUTIER. — *Qu'est-ce que la grève générale?* Librairie socialiste, 51, rue St-Sauveur, Paris.

GUÉRARD. — *Les chemins de fer devant l'opinion publique*, même librairie, Paris, 1891.

MESMARD. — *Les Employés de chemins de fer*, 1893. *Les Voleurs de grands chemins*, 1894, même librairie.

Rapports du Conseil d'administration du Syndicat national des travailleurs des chemins de fer aux Congrès annuels.

Compte-rendus annuels des Congrès du Syndicat.

E. J. O'B CROCKER. — *Retrospective lessons on railway strikes*, Londres, 1898.

JACOB MOSES. — *The law applicable to strikes, prized thesis*, Baltimore, 1895.

IV. — PÉRIODIQUES.

Le Temps, quotidien, 5, b^d des Italiens, juillet 1891.

Le Journal des Débats, quotidien, 17, rue des Prêtres-Saint-Germain-l'Auxerrois, Paris, 2 mai et 30 juillet 1898.

La Liberté, quotidien, 17 juillet 1891.

La Paix, quotidien, 25 et 29 avril et 27 mai 1895.

L'Egalité, quotidien, 12, rue Paul-Lelong, Paris, 24 juillet 1891.

La Revue Bleue, hebdomadaire, 22 octobre 1898.

La Revue politique et parlementaire, mensuelle, 10 août et 10 novembre 1898.

La Revue des Deux-Mondes, bi-mensuel, 15 juin et 15 décembre 1898.

Le Réveil de la voie ferrée, hebdomadaire, 9, cité Riverin, Paris.

La Tribune de la Voie Ferrée (continuation du précédent) voyez not., mai 1898 à février 1899.

L'Echo des Chemins de fer (paraissant trois fois par mois), 18, boulevard Magenta, Paris, 21 septembre 1891.

Le Chemin de fer, hebdomadaire, 4, rue de Bouloi, Paris, 26 novembre 1898.

L'Eclaireur de la Voie, mensuel, 34, rue du Kremlin, Gentilly, 25 juin 1892.

La Voie ferrée, hebdomadaire, 80, rue Taitbout, Paris, 4 juin 1891, 16 février, 31 mars et 23 juin 1893.

Le Journal des Transports, 30 juillet 1898.

La Revue Générale des Transports, 11, rue des Fontaines du Temple, Paris.

Musée Social, 5, rue Las-Cases, Paris.

— Circulaire n° 15, série A. *Le Mouvement syndical en France.*

— Circ. n° 8, série B. *La Grève des employés de chemins de fer en Suisse*, 1896-1897, 31 mars 1897.

— Circ. n° 18, série B. *Le Rachat des chemins de fer en Suisse*, 25 mai 1898.

— Dossiers, n°s 5.066, 5.085, 7.303 et 7.786.

The Labour Gazette, mensuel, 31, Cursitor Street, Londres, mai et juillet 1893, avril et août 1897.

La Stampa, quotidien, via Santa Teresa, 2, Turin, juillet 1898, 25 novembre et 26 décembre 1898, janvier 1899.

ABLE DES MATIÈRES

INTRODUCTION.

PREMIERE PARTIE

LES GRÈVES DE CHEMINS DE FER A L'ÉTRANGER.
LÉGISLATION COMPARÉE.

DEUXIÈME PARTIE

LES GRÈVES DE CHEMINS DE FER EN FRANCE.
LES SYNDICATS PPOFESSIONNELS.

TROISIÈME PARTIE

LES GRÈVES DE CHEMINS DE FER EN FRANCE (SUITE).
L'HISTOIRE. — LE PROBLÈME ÉCONOMIQUE.

QUATRIÈME PARTIE

LES GRÈVES DE CHEMINS DE FER EN FRANCE (SUITE ET FIN).

LE PROBLÈME JURIDIQUE.

Imprimerie des Écoles, Jouve et Boyer, 15, rue Racine, Paris.

www.ingramcontent.com/pod-product-compliance
Ingram Content Group UK Ltd.
Pitfield, Milton Keynes, MK11 3LW, UK
UKHW020136220726
13923UKWH00001B/192

9 782016 197523